Das neue Deutschmobil 3

Lehrwerk für Kinder und Jugendliche

Lehrbuch mit Audio-CD

Jutta Douvitsas-Gamst

Sigrid Xanthos-Kretzschmer

Eleftherios Xanthos

Ernst Klett Sprachen
Stuttgart

Das neue Deutschmobil 3

Lehrwerk für Kinder und Jugendliche
Lehrbuch

Autoren: Jutta Douvitsas-Gamst, Müllrose; Sigrid Xanthos-Kretzschmer, Athen

1. Auflage   1 ⁵ ⁴ | 2013 2012

Alle Drucke dieser Auflage können nebeneinander benutzt werden, sie sind untereinander unverändert. Die letzte Zahl bezeichnet das Jahr des Druckes.

Nach der neuen Rechtschreibung (Stand: August 2006)

Internet: www.klett.de

Redaktion: Nicole Nolte, Kerstin Klingelhöfer
Layout: Eleftherios Xanthos, Athen
Illustrationen: Eleftherios Xanthos, Athen
Druck: Druckerei A. Plenk KG, Berchtesgaden • Printed in Germany

ISBN: 978-3-12-676144-4

9 783126 761444

Inhaltsverzeichnis

	Themen, Texte, Situationen	Hör- und Lesestrategien	Grammatik	Lernwege Phonetik
L5 Nationalpark Wattenmeer Seite 40	Das Wattenmeer Ferien an der Nordsee In der Seehund-Aufzuchtstation Schutz der Nordsee Informationen erfragen und geben Spiel: Wattenmeer-Quiz	Leseverstehen: Text-Bild-Zuordnung, Satzpuzzle, Überschriften Textteilen zuordnen Hörverstehen: Richtig-/Falsch-Aussagen	Verben mit festen Präpositionen Pronominaladverbien: *daran, darauf, ...* Fragen: *Woran? Worauf? ...* Nebensätze: *Temporalsätze (bis, während)* Grammatik-Comic: *Die Schlaumeier im Watt*	Verwendung von Verben mit festen Präpositionen mit optischen Hilfen erkennen und anwenden Zeitperspektive über Piktogramme erkennen Mit Satzmodellen arbeiten: Verben mit Präpositionen, Funktion von Pronominaladverbien, selbst Regel finden Mit der Demo-Tafel arbeiten
L6 Medien Seite 48	Im Fernsehstudio, Kommissar Rex, Lieblingssendungen Internet Der Bücherbus Medien-Umfrage, E-Mail-Suchspiel Filmberufe erklären Statistik erklären Meinung äußern und diskutieren Klassenumfrage machen	Leseverstehen: Statistik Informationen entnehmen, Begriffe Erklärungen zuordnen, Verben aus Text ergänzen, Lexikon-Eintrag diskutieren, W-Fragen zum Text stellen und beantworten Hörverstehen: Richtig-/Falsch-Aussagen	Verben: *Passiv (werden + Partizip II)* Verbindung von Sätzen und Wörtern durch *entweder ... oder, nicht nur ... sondern auch, sowohl ... als auch, weder ... noch, zwar ... aber* Grammatik-Comic: *Bei den Schlaumeiern piept es*	Passivbildung mit optischen Hilfen erkennen und anwenden Mit Satzbaukasten, Statistik und Wörternetz arbeiten Mit Satzmodellen arbeiten: Passiv in Haupt- und Nebensätzen Phonetik: Häufung von Konsonanten in Komposita Mit der Demo-Tafel arbeiten
L7 Berufswünsche Seite 56	Berufe und Berufswünsche Wünsche von Jugendlichen Abitur – ja oder nein? Schülerfirmen Über Berufe sprechen, Wünsche erfragen, äußern und begründen, Klassenumfrage machen, Statistik erklären, Vorschläge machen, Vermutungen anstellen, Begriffe erklären	Leseverstehen: Statistik Informationen entnehmen, zur beschriebenen Situation Lösungen vorschlagen, Text Informationen entnehmen, Fragen Antworten zuordnen Hörverstehen: Richtig-/Falsch-Aussagen	Verben: *Konjunktiv II (würde + Infinitiv, wäre, hätte, könnte, müsste, dürfte, möchte, sollte)* Grammatik-Comic: *Die Schlaumeier unternehmen was*	Mit Wörterbuch und Statistik arbeiten Bildung und Verwendung des Konjunktiv II erkennen und anwenden Phonetik: *ä, ö, ü* Mit der Demo-Tafel arbeiten
L8 Kleidung und Einkaufen Seite 64	Schuluniform statt Markenkleidung Mode und persönlicher Kleidungsstil Farbtypen Einkaufen und Sachen verleihen Ein Thema diskutieren Kleidung bewerten und beschreiben Klassenumfrage machen	Leseverstehen: Aussagen Personen zuordnen, Texte zuordnen, Textzeilen angeben Hörverstehen: Statistik ergänzen, Informationen im Raster zuordnen	Verben: *mit Dativ und Akkusativ* Nomen, Artikel: *Genitiv* Positionen im Satz: *Akkusativ- und Dativergänzung* Grammatik-Comic: *Die Schlaumeier machen ein Geschenk*	Mit Statistik und Satzbaukasten arbeiten Genitiv mit optischen Hilfen erkennen und anwenden Position im Satz mit optischen Hilfen erkennen und anwenden Phonetik: Drama-Lesen Mit der Demo-Tafel arbeiten

	Themen, Texte, Situationen	Hör- und Lesestrategien	Grammatik	Lernwege Phonetik
L9 Umwelt und Verkehr Seite 72	Bäume Verkehrsprobleme, Fahrradunfälle Wasser ist Leben Zukunftsprognosen Probleme schildern Ein Thema diskutieren Ursachen und Folgen nennen Zukünftiges vermuten Umwelttipps geben	Leseverstehen: Passendes zum Text ergänzen, aus der Grafik ergänzen, Satzpuzzle, Angaben zu Mengen und Zahlen aus Text entnehmen, zu statistischen Angaben erzählen, Aussagen zuordnen Hörverstehen: Informationslücken ergänzen	Verben: *Futur I (werden + Inf.)* Konsekutivsätze: *Nebensätze (so dass)* Konzessivsätze: *Nebensätze (obwohl), Hauptsätze (trotzdem)* Kausalsätze: *Nebensätze (weil), Hauptsätze (deshalb, deswegen, darum)* Grammatik-Comic: *Die Schlaumeier beim Wasserschutz*	Mit Grafik und statistischen Angaben arbeiten Verwendung von *obwohl* und *trotzdem* mit optischen Hilfen erkennen und anwenden Mit Satzbaukasten arbeiten Bildung und Verwendung des Futur I erkennen und anwenden Phonetik: Aussprache von *qu, x* und *chs* Mit der Demo-Tafel arbeiten
L10 Miteinander lernen Seite 80	Noten, Zeugnisse, Prüfungen Schulabschlüsse in Deutschland Interview mit einer türkischen Schülerin Schulprojekt KidS – Kreativität in die Schule Über Noten und Prüfungen diskutieren Vorschläge machen	Leseverstehen: Informationen aus Text ergänzen, Fragen zur Karikatur beantworten, einer Grafik Informationen entnehmen, Textzeilen angeben und Text Informationen entnehmen, über beschriebenes Projekt berichten Hörverstehen: Richtig-/Falsch-Aussagen	Indefinitpronomen: *Nominativ, Akkusativ, Dativ (einer, keiner, jemand, niemand, jeder, alle)* Adverbien: *füreinander, miteinander, umeinander, voneinander, ...* Wortstellung in Haupt- und Nebensätzen Grammatik-Comic: *Die Schlaumeier halten zueinander*	Karikatur mit Hilfe von Fragen und Auswahlantworten interpretieren Mit Satzbaukasten, Grafik und Textigel arbeiten Mit Satzmodellen arbeiten: Wortstellung in Haupt- und Nebensätzen Phonetik: Verschiebung des Satzakzents bei neuen Informationen Mit der Demo-Tafel arbeiten
L11 Zusammenleben Seite 88	Steckbriefe, Clique und Freunde Außenseiter und Konfliktlösung Austauschschüler Personen beschreiben und vergleichen Klassenumfrage machen Vermutungen anstellen Konfliktlösungen vorschlagen Spiel: Personenraten	Leseverstehen: Partnerinterview zum Steckbrief, in Texten beschriebene Personen vergleichen, Ursachen der Textsituation vermuten, Bericht mithilfe von Stichwörtern zusammenfassen Hörverstehen: Satzpuzzle	Adjektivdeklination im Superlativ: *Nominativ (der beste ...)* Possessivpronomen: *Genitiv* Präpositionen: *mit Genitiv (wegen, trotz)* Nebensätze: *Temporalsätze (seit, bis, während)* Grammatik-Comic: *Die Schlaumeier haben das beste Programm*	Mit Satzbaukasten arbeiten Adjektivdeklination und Genitiv mit optischen Hilfen erkennen und anwenden Umformung als stilistisches Mittel erkennen Zeitperspektive über Piktogramme erkennen Phonetik: Dialog (freundlich, unfreundlich) Mit der Demo-Tafel arbeiten
L12 Jugend- und Hilfs- organi- sationen Seite 96	Jugendorganisationen Rettungshunde Seenotkreuzer im Einsatz Bei den Pfadfindern Meinung äußern und begründen Fotos beschreiben Ereignisse in zeitlicher Reihenfolge wiedergeben Zur Bildergeschichte erzählen	Leseverstehen: Texten Informationen entnehmen Hörverstehen: Richtig-/Falsch-Aussagen	Verben: *Plusquamperfekt mit haben und sein* Partizip I als Adjektiv Präpositionen: *mit Genitiv (während)* Nebensätze: *Temporalsätze (bevor, nachdem)* Grammatik-Comic: *Die Schlaumeier im Zeltlager*	Mit Deklinationstabellen und Satzbaukasten arbeiten Umformung als stilistisches Mittel erkennen Vorzeitigkeit und Nachzeitigkeit von Handlungen erkennen Bildung und Verwendung des Plusquamperfekts erkennen und anwenden Mit der Demo-Tafel arbeiten

	Themen, Texte, Situationen	Hör- und Lesestrategien	Grammatik	Lernwege Phonetik
L13 Sich begegnen und verstehen Seite 104	Ferientypen und Reiseausrüstung Jugendreisen und Klassenfahrten Internationale Workcamps Im Interview argumentieren Entscheidungen begründen Über Ferienpläne erzählen	Leseverstehen: Reiseangebote Jugendgruppen zuordnen, Überschriften Textteilen zuordnen Hörverstehen: Richtig-/Falsch-Aussagen	Nomen, Artikel: *Adjektive und Partizipien als Nomen (Nominativ, Akkusativ, Dativ)* Adverbien, Artikelwörter und Indefinitpronomen mit *irgend-* Vergleichssätze mit *je ... desto* Grammatik-Comic: *Die Schlaumeier renovieren*	Mit Deklinationstabellen arbeiten Mit Satzmodellen arbeiten: Vergleiche mit *je ... desto* Phonetik: Satzakzent (Frage, Antwort) Mit der Demo-Tafel arbeiten
L14 Sprechtraining Seite 112	Über sich selbst erzählen, Lebenslauf Im Gespräch reagieren Seine Meinung angeben, begründen Etwas gemeinsam planen, organisieren Über ein Thema sprechen Sprachvergleich: Deutschland, Österreich, Schweiz Spiele: Ferien-Fragespiel, Rollenspiel		Grammatik-Comic: *Die Schlaumeier werden geprüft*	Mit tabellarischem Lebenslauf, Satzbaukasten und Statistiken arbeiten Passende Redemittel für Situationen erkennen und anwenden Projekte planen und organisieren Im Sprachvergleich Varianten erkennen Phonetik: Satzakzent (Frage, Antwort)

> **AB: Schreibtraining**

Anhang

Symbole:

 Höraufgabe mit Kassette oder CD

 Sprechen mit dem Partner oder in der Klasse

 Lesen und Lesestrategien üben

 Schreibaufgabe im Heft

 Lernspielangebot

 Anschlussübung im Arbeitsbuch

Erfindungen, die die Welt verändert haben

1. der Computer

2. das Rad

3. **die** Impfungen

4. der Benzinmotor

5. das Flugzeug

6. der Fotoapparat

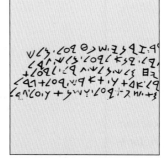

7. die Buchstaben-
schrift

8. **die** Solarzellen

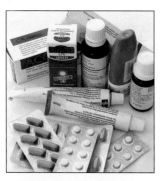

9. **die** Medikamente

10. das Mikroskop

11. der Buchdruck

12. die Glühbirne

13. das Papier

14. das Telefon

15. **die** Batterien

16. die Uhr

1 *Wann erfand man das? Spielt das Quiz. Die Lösungen findet ihr unten.*

▷ AB 1

1. a) vor 400 Jahren in Japan
   b) 1946 in Amerika
   c) 1971 in England

2. a) vor 4000 Jahren in Mesopotamien
   b) vor 2000 Jahren in China
   c) 1450 in Deutschland

3. a) 1946 in Amerika
   b) seit Jahrtausenden überall
   c) im 19. Jahrhundert in Europa

4. a) vor 50 Jahren in Amerika
   b) 1510 in Deutschland
   c) 1864 in Österreich

5. a) 1891 in Deutschland
   b) vor 400 Jahren in Holland
   c) 1946 in Amerika

6. a) 1799 in Italien
   b) 1837 in Frankreich
   c) vor 50 Jahren in Amerika

7. a) vor 2000 Jahren in China
   b) vor 3500 Jahren im Orient
   c) 1510 in Deutschland

8. a) seit Jahrtausenden überall
   b) 1876 in Amerika
   c) vor 50 Jahren in Amerika

9. a) im 19. Jahrhundert in Europa
   b) 1799 in Italien
   c) seit Jahrtausenden überall

10. a) 1879 in England
    b) vor 400 Jahren in Holland
    c) 1450 in Deutschland

11. a) 1450 in Deutschland
    b) vor 2000 Jahren in China
    c) 1891 in Deutschland

12. a) 1799 in Italien
    b) 1879 in England
    c) 1971 in England

13. a) vor 2000 Jahren in China
    b) vor 4000 Jahren in Mesopotamien
    c) 1450 in Deutschland

14. a) 1837 in Frankreich
    b) 1450 in Deutschland
    c) 1876 in Amerika

15. a) 1891 in Deutschland
    b) 1799 in Italien
    c) vor 400 Jahren in Holland

16. a) 1510 in Deutschland
    b) vor 50 Jahren in Amerika
    c) 1837 in Frankreich

Lösungen: 1b, 2a, 3c, 4c, 5a, 6b, 7b, 8c, 9c, 10b, 11a, 12b, 13a, 14c, 15b, 16a

2 *Welche Erfindung ist das? Erzähle.*

▷ AB 2

Nr. 6 ist der Fotoapparat, der Bilder macht.

Nr. ... ist/sind ...,	E ... der Bilder macht.
	U ... die Licht gibt.
	T ... der für den Menschen denkt.
	F ... **die** die Sonnenenergie speichern.
	O ... das Fahrzeuge bewegt.
	E ... das Menschen durch die Luft transportiert.
	L ... der die Fahrzeuge antreibt.
	I ... **die** bei Krankheiten helfen.
	N ... das kleine Sachen vergrößert.
	L ... **die** vor Krankheiten schützen.
	G ... das eine Kommunikation über weite Entfernungen möglich macht.
	R ... die die Wörter als Zeichen darstellt.
	D ... der die Herstellung von Büchern einfach macht.
	N ... das zum Schreiben und zum Malen da ist.
	N ... die die Zeit misst.
	E ... **die** Energie speichern.

Lösung:

1	2	3	4	5		6	7	8	9	10	11	12	13	14	15	16
?	?	?	?	?		E	?	?	?	?	?	?	?	?	?	?

3 *Was ist die wichtigste Erfindung für dich? Sag deine Meinung.*

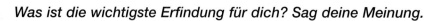 AB 3

> Die wichtigste/tollste/größte Erfindung ist für mich der Computer,
> der für den Menschen denkt und den man 1946 in Amerika erfand.

Das ist der Computer, ...	der für den Menschen denkt, ...	den man 1946 in Amerika erfand.
Das ist das Mikroskop, ...	das kleine Sachen vergrößert, ...	das man vor 400 Jahren in Holland erfand.
Das ist die Glühbirne, ...	die Licht gibt, ...	die man 1879 in England erfand.
Das sind **die Impfungen**, ...	**die** vor Krankheiten schützen, ...	**die** man im 19. Jahrhundert in Europa erfand.

4a *Gib den Erfindungen Namen.*

Erfindungen, die noch gefehlt haben

A die | ? | schuhe

B das | ? | haus

C das | ? | auto

1. Alarm...
2. Auto...
3. Ballon...
4. Doppel...
5. Känguru...
6. Sprech...
?

D der | ? | hubschrauber

Du wiegst 6002 Kilo.

E die | ? | waage

F der | ? | koffer

b   *Beschreibt euch die Erfindungen gegenseitig.*

AB 4, 5

> Das ist der Alarmkoffer, in dem es eine Sirene gibt.

1. In dem Koffer gibt es eine Sirene.
2. Aus dem Auto kann man zwei Autos machen.
3. Aus der Waage kommt eine Stimme.
4. An den Schuhen sind Sprungfedern.
5. Mit dem Hubschrauber kann man fliegen und fahren.
6. Mit den Schuhen kann man zwei Meter weit springen.
7. Aus dem Koffer hört man bei Bewegung Alarm.
8. An dem Haus gibt es keine festen Wände.
9. Mit den Schuhen kann man Riesenschritte machen.
10. Zu dem Haus gehört eine Luftpumpe.
11. An dem Auto gibt es acht Räder, zwei Motoren und zwei Lenkräder.
12. Von der Waage hört man sein Gewicht.
13. Mit dem Auto können zwei Personen gleichzeitig fahren.
14. Mit dem Koffer kann kein Dieb verschwinden.
15. Von der Waage erfährt man auch sein altes Gewicht.
16. Mit dem Hubschrauber kann man 100 Meter hoch fliegen.

Das ist der Alarmkoffer,	in	dem	es eine Sirene gibt.
Das ist das Doppelauto,	aus	dem	man zwei Autos machen kann.
Das ist die Sprechwaage,	aus	der	eine Stimme kommt.
Das sind **die Känguruschuhe**,	an	**denen**	Sprungfedern sind.

5   *Was schlägt Stefania vor? Sortiert die Sätze und spielt dann mit verteilten Rollen.*

AB 6

Eine Erfindung, über die man streiten kann

6 Tut mir Leid, Mama! Ich habe es nicht gemerkt. Ich habe nicht aufgepasst.

? Hier steht es schwarz auf weiß. 120 Euro! Was hast du dir überhaupt dabei gedacht?

2 Weiß ich nicht, keine Ahnung.

? Weißt du Mama, wir hatten doch Prüfungen. Deshalb musste ich ständig mein Handy benutzen.

1 Weißt du eigentlich, wie hoch deine letzte Handy-Rechnung ist?

7 Dein Vater und ich arbeiten Tag und Nacht. Wie sollen wir das bezahlen? Kannst du mir mal erklären, warum die Rechnung so hoch ist?

? Aber das kann doch gar nicht sein! Das ist unmöglich!

? 120 Euro!

? Und wie soll das weitergehen? Was schlägst du jetzt vor?

? Aber das habe ich doch gemacht! Ich habe ja nur ganz selten telefoniert.

? Und wieso hast du keine SMS geschickt? Das ist doch billiger!

12 Mama, ich verspreche dir, dass ich ab jetzt besser aufpasse. Ich kann doch ...

ein Handy mit Prepaid-Karte bekommen

das Taschengeld sparen

als Babysitter arbeiten, Zeitungen oder Prospekte austragen

Erfindungen, die aus der Natur kommen

Die Natur ist eine große Erfinderwerkstatt. *Sie hat den Menschen Ideen für Millionen von Erfindungen gegeben.* Der Mensch kopiert seit Jahrtausenden Tricks, die in der Natur vorkommen. „Bionik" nennt man die Wissenschaft, die Biologie (Bio-) und Technik (-nik) verbindet.

Fliegen wie eine Libelle

Libellen haben vier Flügel. *Mit den Flügeln können sie vorwärts, rückwärts und auf der Stelle fliegen.* Die Flügel können sie auch einzeln bewegen. Der Flug von Libellen brachte den russischen Erfinder Igor Sikorsky auf eine Idee. *Er erfand einen Flugapparat mit beweglichen Flügeln:* den Hubschrauber. Der Hubschrauber kann wie eine Libelle vorwärts, rückwärts und auf der Stelle fliegen.

Gegenstände erkennen wie eine Fledermaus

Fledermäuse benutzen nachts beim Jagen einen Trick: Sie geben im Flug hohe Töne ab. *Diese Töne kann der Mensch nicht hören.* Sie heißen Ultraschall. Wenn die Töne auf einen Gegenstand treffen, kommen sie als Echo zurück. So finden Fledermäuse im Dunkeln ihre Beute. *Mit dem Fledermaustrick finden Flugzeuge und Schiffe nachts und bei schlechtem Wetter ihren Weg.* Mit einem Gerät, das Radar heißt, senden sie Wellen. *Die Wellen treffen auf Gegenstände und kommen zurück.* Auf dem Radarschirm kann man dann Hindernisse auf dem Weg rechtzeitig erkennen.

Bauen wie die Bienen

Bienen bauen mit möglichst wenig Material, dem Bienenwachs, möglichst viele Waben auf möglichst kleinem Raum. Sie haben dafür eine perfekte Form gefunden: das Sechseck. *Das Sechseck ist besonders fest und haltbar.* Deshalb baut man Snow-

boards mit einem Wabenkern. *Der Wabenkern macht das Snowboard besonders stabil und leicht. Diese Bauweise benutzt der Mensch auch für den Flugzeugbau und die Raumfahrt.*

6 *Lest die Texte und ergänzt die Sätze.*

AB 7

1. Die Natur ist eine Erfinderwerkstatt, die den Menschen Ideen für Millionen von Erfindungen gegeben hat.
2. Libellen haben Flügel, mit denen ...
3. Igor Sikorsky war ein Erfinder, der ...
4. Fledermäuse geben im Flug hohe Töne ab, die ...
5. Die Fledermäuse benutzen einen Trick, mit dem auch ...
6. Schiffe und Flugzeuge senden Radarwellen, die ...
7. Die Wabenform der Bienen ist das Sechseck, das ...
8. Snowboards baut man mit einem Wabenkern, der ...
9. Der Wabenkern ist eine Bauweise, die ...

Erfindungen von Schülern, die Preise bekommen

In den beiden Wettbewerben „Jugend forscht" und „Schüler experimentieren" stellen über 8000 Mädchen und Jungen jedes Jahr ihre Erfindungen vor, von denen die besten Preise bekommen.

Schüler experimentieren – Wie funktioniert's?

Du bist 15 Jahre alt oder jünger? Dann kannst du bei **Schüler experimentieren** teilnehmen. Wie das geht, erfährst du hier:

Du kannst mit einem **Einzelprojekt** [☺] mitmachen,
• wenn du am 31. Dezember des Jahres, in dem du dich anmeldest, noch nicht 16 Jahre alt bist,
• wenn du in Deutschland wohnst oder in Deutschland zur Schule gehst,
• wenn du ein Forschungsthema gefunden hast.

Ihr könnt mit einem **Gruppenprojekt** [☺☺ oder ☺☺☺] mitmachen,
• wenn ihr zu zweit oder höchstens zu dritt seid,
• wenn das älteste Gruppenmitglied am 31. Dezember des Jahres, in dem ihr euch anmeldet, noch nicht 16 Jahre alt ist,
• wenn ihr einen Gruppensprecher habt, der für euer Projekt verantwortlich ist,
• wenn wenigstens der Gruppensprecher in Deutschland wohnt oder in Deutschland zur Schule geht,
• wenn ihr ein Forschungsthema gefunden habt.

Zuerst überlegst du dir ein **Thema** für ein Forschungsprojekt. Du kannst es frei wählen, es muss aber in eines der sieben Fachgebiete von **Jugend forscht** passen:
Arbeitswelt – Biologie – Chemie – Geo- und Raumwissenschaften – Mathematik/Informatik – Physik – Technik
Hast du mehrere Ideen, kannst du (oder deine Gruppe) bis zu drei Projekte gleichzeitig anmelden. **Anmeldeschluss** ist in jedem Jahr der 30. November.

Für Schüler deutscher Schulen im Ausland gibt es Ausnahmeregelungen.
Bitte frag bei der Jugend-forscht-Zentrale nach.

---

7 *Finde die Angaben im Text und notiere Stichworte im Heft.*

1. Teilnehmer (Alter)
2. Teilnehmer (Wohnort)
3. Projekt (wie viele Teilnehmer, ...)
4. Themenwahl
5. Fachgebiete
6. Anmeldung

---

8 *Hör zu. Was ist richtig? Was ist falsch?*

	R	F
1. Das Fahrradprojekt haben drei Jungen gemacht.	?	?
2. Das Fahrradprojekt gehört zum Fachgebiet Physik.	?	?
3. Das Alarmsystem ist für Fahrradfahrer.	?	?
4. Viele Autofahrer nehmen ihr Fahrrad auf dem Autodach mit.	?	?
5. Niedrige Tunnel sind Hindernisse für Autos mit hohem Aufbau.	?	?
6. Nach dem Unfall war die ganze Familie verletzt.	?	?
7. Das Messgerät macht man hinten am Auto fest.	?	?
8. Das Messgerät misst, wie hoch das Hindernis ist.	?	?
9. Für den Fahrradalarm interessieren sich viele Autofahrer.	?	?
10. Den Fahrradalarm haben schon zwei Firmen produziert.	?	?

Satzmodelle

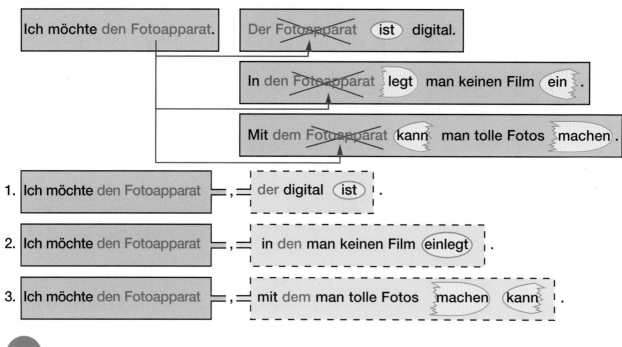

| Ich möchte den Fotoapparat. | ~~Der Fotoapparat~~ (ist) digital. |

~~In den Fotoapparat~~ (legt) man keinen Film (ein).

~~Mit dem Fotoapparat~~ (kann) man tolle Fotos (machen).

1. Ich möchte den Fotoapparat —, — der digital (ist).

2. Ich möchte den Fotoapparat —, — in den man keinen Film (einlegt).

3. Ich möchte den Fotoapparat —, — mit dem man tolle Fotos (machen) (kann).

---

9 Bilde je zwei Relativsätze.

der Computer • die CDs • das Handy • der Discman • die Uhr

---

10 Hör die Wörter. Wo hörst du einen Knacklaut ⚡ und wo nicht ◡?
Lest die Wörter dann vor.

1. a) Fahrradfahrer
   b) Fahrrad⚡alarm
2. a) Flug ? apparat
   b) Flug ? zeug
3. a) um ? sieben
   b) um ? acht

4. a) über ? morgen
   b) über ? all
5. a) Sonnen ? energie
   b) Sonnen ? schein
6. a) in einer ? Übung
   b) in meinem ? Buch

7. a) in ? Italien
   b) in ? Russland
8. a) Tor ? einfahrt
   b) Tor ? durchfahrt
9. a) be ? grüßen
   b) be ? obachten

Den **Knacklaut** ⚡ hört man vor **a – ä – e – i – o – ö – u – ü** und **au – äu – ei – eu**
am Anfang von Wörtern (⚡am ⚡Abend, Sommer⚡abend) und Silben (be⚡obachten).

---

11 Sucht einen Partner. Macht Dialoge.

Das habe ich gelernt:

Was für ein Roboter gefällt dir?

Mir gefällt ein Roboter,
der aufräumt,
den man mitnehmen kann,
mit dem man sprechen kann,
für den man keine Batterie braucht, …

Welcher …/Welches …/Welche … gefällt/gefallen dir? …
Was für ein …/Was für eine …/Was für …
gefällt/gefallen dir? …

Die Schlaumeier in der Kunsthalle

LEKTION

Welcher Esstyp bist du?

1. Was ist Essen und Trinken für dich?

 • Etwas, was mir sehr wichtig ist.

 • Etwas, was mir wichtig ist.

 • Etwas, was mir egal ist.

2. Wie ist dein Essverhalten?

 • Ich esse oft aus Langeweile, Stress oder Nervosität.

 • Ich achte darauf, was ich esse. Ich möchte nicht zu dick werden.

 • Essen macht mir Spaß.

3. Wie viele Mahlzeiten isst du am Tag?

 • Vier bis fünf Mahlzeiten pro Tag.

 • Immer, wenn ich Appetit habe.

 • Höchstens drei Mahlzeiten am Tag.

4. Was isst du meistens?

 • Das, was die anderen auch essen.

 • Das, was gesund ist.

 • Das, was mir schmeckt.

5. Wie isst du?

 • Zum Essen setze ich mich immer ruhig hin.

 • Zum Essen habe ich oft wenig Zeit. Dann esse ich zu schnell.

 • Ich esse oft im Stehen und nehme mir wenig Zeit dafür.

6. Was trinkst du am häufigsten?

 • Cola und Limo.

 • Wasser, Mineralwasser, Tee und Säfte.

 • Das, was es gerade gibt.

7. Wie oft isst du Fastfood?

 • Manchmal.

 • Bei jeder Gelegenheit.

 • Selten oder nie.

8. Naschst du oft?

 • Ja, manchmal.

 • Nein, so gut wie gar nicht.

 • Ja, sehr oft.

---

1 *Fragt euch gegenseitig und zählt die Punkte. Die Auflösung findet ihr auf Seite 20.*

      = 3 Punkte   = 1 Punkt   = 0 Punkte

2 *Beschreibe, was für ein Esstyp du bist.*   ▷ AB 1 ▷

		gesund ist.
Ich mag am liebsten das,		meine Mutter kocht.
Ich mag gern etwas,		es im Fastfood-Restaurant gibt.
Ich esse alles,		sehr fett ist.
Mir schmeckt das,	was	süß ist.
Mir ist alles wichtig,		viele Kalorien hat.
Ich esse nichts,		fit macht.
Mir schmeckt nicht immer das,		viele Vitamine hat.
Ich esse nur,		auf den Tisch kommt.
		nicht dick macht. ...

Die Ernährungspyramide

Was soll man in welchen Mengen essen und trinken?

6. An letzter Stelle stehen **Süßigkeiten, Chips, Limo** und **Cola**. Davon soll man am wenigsten essen und trinken.

5. **Fette** (Butter, Margarine, Öl) soll man nur sehr wenig essen.

4 Dann folgen **Milchprodukte**, außerdem auch **Fleisch**, **Fisch**, **Wurst** und **Eier**.

3. An dritter Stelle stehen **Obst**, **Gemüse** und **Salat**.

2. An zweiter Stelle folgen **Brot**, **Nudeln**, **Reis** und **Kartoffeln**.

1. Am wichtigsten sind **Getränke**, vor allem **Wasser**, verdünnte **Säfte** oder ungesüßter **Tee**. Davon soll man am meisten trinken.

---

3 *Wie viel soll man davon essen oder trinken? Erzähle.*

AB 2–4

die Getränke, der Saft, der Tee, die Limo, die Cola, das Wasser	verdünnt, ungesüßt, gesüßt, frisch
das Gemüse, das Obst, der Salat, die Milchprodukte, die Eier, das Fleisch, der Fisch, die Wurst	roh, frisch, grün, gesund, gekocht, gebraten, mager
das Brot, die Nudeln, der Reis, die Kartoffeln	dunkel, hell, gekocht
die Süßigkeiten, die Chips, die Butter, die Margarine, das Öl	ungesund, salzig, fett

Man soll ...

Man soll am meisten   von dem ungesüßten Saft trinken.
Man soll wenig   von dem fetten Öl essen.
Man soll am wenigsten von der gesüßten Limo trinken.
Man soll nicht so viel   von **den** gekocht**en** Eier**n** essen.

Weißt du, woher die Kartoffel kommt?

1. ?

Die Kartoffel kennt heute jeder. Vor nicht allzu langer Zeit aber war die Kartoffel in Europa ein ganz exotisches Gemüse, das keiner kannte. Eigentlich kommt die Kartoffel aus Südamerika, wo die Inkas sie schon vor 1000 Jahren anbauten. Als die Spanier im 16. Jahrhundert nach Südamerika kamen und das Gold der Inkas raubten, entdeckten sie auch die Kartoffeln. Und so kam die Kartoffel über den Atlantik nach Spanien.

2. ?

In Spanien wusste man zuerst nicht, was man mit der Kartoffel machen sollte. Die Kartoffel landete nicht im Kochtopf, sondern als Blume in den Gärten von reichen Spaniern.

3. ?

Von Spanien kam die Kartoffel nach Italien. Hier bekam sie auch ihren Namen. Weil Kartoffeln wie Tartufo-Pilze aussahen, nannte man sie „Tartufoli". Aus diesem Wort entstand dann das deutsche Wort Kartoffel. Die ersten Kartoffelpflanzen brachte man schon 1589 nach Deutschland. Aber man interessierte sich nicht für das nahrhafte Gemüse, sondern pflanzte auch hier die Kartoffel als Blume in den Garten.

Tartufoli!

4. ?

Erst im 18. Jahrhundert erkannte der preußische König Friedrich der Große, wie nahrhaft die Kartoffel für sein Volk war. Die Menschen konnten sich damals nicht satt essen und litten oft großen Hunger. Die Kartoffel sollte das Hungerproblem lösen. Einige Bauern probierten von den grünen, giftigen Früchten und wurden krank. Die grünen Früchte der Kartoffelpflanze sind nämlich nicht essbar, sondern nur die Kartoffeln in der Erde. Deshalb waren die Bauern misstrauisch und wollten die Kartoffel nicht anbauen.

5. ?

Da hatte der König von Preußen eine Idee und versuchte es mit einem Trick. Er ließ die Kartoffelfelder von Soldaten bewachen. Die Bauern in dieser Gegend wurden jetzt neugierig. Sie dachten, dass Kartoffeln besonders wertvoll sein müssen, wenn der König sie bewachen lässt. Die Bauern stahlen die Kartoffeln von den Feldern des Königs und bauten die Kartoffeln selbst an. So wurde die Kartoffel in Europa zu einem wichtigen Nahrungsmittel. Heute wissen wir, wie viele Nährstoffe die Kartoffel hat und wie wertvoll sie für unsere Ernährung ist.

4a *Welche Überschrift passt?*

A ? Schmuck für den Garten

B ? Der Kartoffeltrick

C ? Das Gold der Inkas

D ? Eine Giftpflanze?

E ? Ihr Name

b *Sucht einen Partner und fragt euch gegenseitig.*

Wie heißt das Land, Wie heißt der Ort, Wie heißt der Kontinent,	wo woher wohin	die Spanier die Kartoffel entdeckten? die Kartoffel kommt? die Inkas lebten? die Kartoffel zuerst bekannt war? die Spanier die Kartoffel brachten? man die Kartoffel als Blume pflanzte? die Kartoffel ihren Namen bekam? man die Kartoffel 1589 brachte? ein König die Kartoffel anbauen ließ? die Bauern Kartoffeln stahlen? die Kartoffel zu einem wichtigen Nahrungsmittel wurde?

Wie heißt der Kontinent, wo die Spanier die Kartoffel entdeckten?

Der Kontinent, wo die Spanier die Kartoffel entdeckten, heißt Südamerika.

5 *Ordnet die Bilder den Schritten im Rezept zu und backt dann Kartoffelpizza.*

Wir backen Kartoffelpizza

Zutaten

800 g Kartoffeln
2 große Zwiebeln
2 rohe Eier
150 g geriebener Käse
Salz, Pfeffer
100 g Mehl
frische Kräuter
5 große Löffel Öl

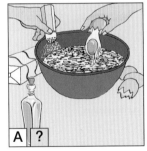 A ?
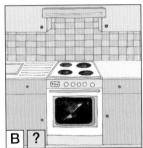 B ?
 C ?
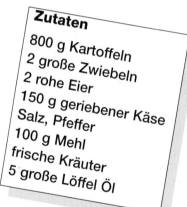

 D ?
 E ?
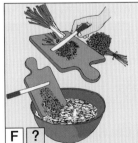 F ?
 G ?

1. die Kartoffeln und die Zwiebeln schälen, waschen und reiben
2. Kartoffeln und Zwiebeln mit den Eiern, dem Käse, Salz und Pfeffer mischen
3. das Mehl zum Kartoffelteig geben
4. die Kräuter klein schneiden und zum Kartoffelteig geben
5. das Backblech mit Öl bestreichen und den Kartoffelteig auf das Blech geben
6. die Kartoffelpizza 35 Min. bei 220 Grad backen
7. die Pizza abkühlen lassen, in Stücke schneiden und mit Salat servieren

Auf der Internationalen Grünen Woche in Berlin

Die Grüne Woche ist eine internationale Ausstellung, die jedes Jahr im Januar stattfindet. Eine Woche dauert die Ausstellung in Berlin, wo Bauern und Lebensmittelproduzenten ihre Produkte zeigen.

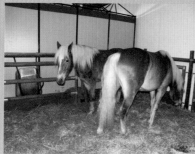

6   *Hör die Ansage. Was ist richtig?*

AB 7

F	Auf der Grünen Woche gibt es ein Sonderprogramm für Kinder und Jugendliche.
A	Die Ernährungsprofis frühstücken ab neun Uhr.
R	Schüler lernen, wie man ein gesundes Frühstück macht.
I	Man kann sich auch über Berufe im Nahrungsmittelbereich informieren.
T	Um 12.30 Uhr stellen junge Leute ihre Berufe vor.
S	Um 14 Uhr kann man Gymnastik mit Musik machen.
O	Die Mineralwasserausstellung läuft nur einen Tag.
C	Man erfährt, wie wichtig Wasser für die Gesundheit ist.
U	Bei dem Gewinnspiel kann man Geld gewinnen.
H	Die Lösung kann man nach 15 Uhr nicht mehr abgeben.

Lösung: ? ? ? ? ? ?

Auflösung zu ❶

Welcher Esstyp bist du?

Der unkritische Esstyp
(bis 6 Punkte)
Du isst, was dir Spaß macht. Fastfood, Süßigkeiten und Chips findest du spitze. Gesunde Ernährung und dein Gewicht spielen für dich keine Rolle.

Der kritische Esstyp
(7 bis 15 Punkte)
Du achtest beim Essen auf das, was du isst. Du bist kritisch und weißt, was gesund ist. Gesunde Ernährung ist dir wichtig, aber du isst auch, was dir gut schmeckt.

Der Gesundheitsfan
(mehr als 15 Punkte)
Du isst nur, was gesund ist. Deine Gesundheit, deine Fitness und dein Aussehen sind dir sehr wichtig. Du kontrollierst beim Essen genau, was du isst. Fastfood, Süßigkeiten und Chips kommen für dich nicht infrage.

Die Mahlzeiten bei Familie Krüger

das Frühstück von 7 bis 10 Uhr

die Kanne · das Müsli

das Mittagessen von 12 bis 14 Uhr

die Schüssel

das Kaffeetrinken von 15 bis 17 Uhr

die Schlagsahne · die Gabel

das Abendessen von 18 bis 20 Uhr

das Schwarzbrot · der Fleischsalat

7 *Spielt Seh-Kim: Schaut euch ein Foto zwei Minuten lang an und macht das Buch zu. Zählt dann alle Gegenstände auf, an die ihr euch erinnert.*

Auf dem Frühstückstisch/Mittagstisch/Kaffeetisch/Abendbrottisch stehen ...

8 *Wie ist das bei dir? Erzähle.*

Ich frühstücke um ... Uhr. Zum Frühstück esse ich ... und trinke ...
Ich esse um ... zu Mittag. Zum Mittagessen ...
Am Nachmittag ...
Ich esse um ... zu Abend. Zum Abendessen ...

Satzmodelle

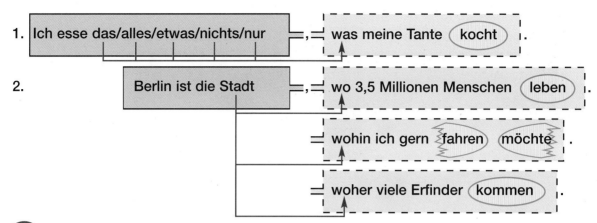

1. Ich esse das/alles/etwas/nichts/nur —,= was meine Tante (kocht).

2. Berlin ist die Stadt —,= wo 3,5 Millionen Menschen (leben).

= wohin ich gern (fahren) (möchte).

= woher viele Erfinder (kommen).

9 Ergänze die Sätze und schreib sie in dein Heft.

1. Mir schmeckt ..., ...
2. Mir gefällt ..., ...
3. Die Schule ist ein Ort, ...

4. Meine Heimat ist ein Land, ...
5. ...

10a Hört zu und achtet auf das unbetonte „e". Lest die Wörter dann vor.

-e	-en	-em	-el	be-	ge-
Tasse	Kuchen	einem	Schüssel	Besuch	gesund
Kekse	essen	keinem	Löffel	Beruf	Gewicht
höre	Gurken	meinem	Gabel	bekommt	Gewinn
trinke	Garten	rohem	Apfel	berühmt	Getränk

b Lest die Wörter vor. Achtet dabei auf das unbetonte „e".

Sahne	Menschen	seinem	Esel	Bericht	Gefühl
Torte	wissen	ihrem	dunkel	bestellt	gekocht
Gruppe	Tomaten	frischem	Nudel	bezahlt	gesüßt
Füße	lernen	fettem	Kartoffel	Bewegung	Geschenk
Leute	lesen	deinem	Himmel	bemerkt	Geschäft

11 Sucht einen Partner. Macht Dialoge.

Das habe ich gelernt:

Was magst/isst/trinkst du?	Ich mag/esse/trinke das/etwas/alles/nichts/nur (das), was süß/sauer ... ist.
Was schmeckt dir?	Mir schmeckt das/etwas/alles/nichts/nur (das), was man mit Fisch/... kocht.
Wie heißt der Ort/das Land/die Gegend/ die Stadt, wo Basel liegt, woher Mozart kommt, wohin die Reise geht?	Die Schweiz. Österreich. Berlin.

Die Schlaumeier auf der Grünen Woche

Und hier sind wir in der Halle, wo die Bauern ihre besten Tiere ausstellen.

Wir wollen die Tiere sehen, die einen Preis bekommen haben.

Der erste Preis ...

dem großen Bullen,	einem starken Bullen,	unserem besten Bullen!
dem großen Schaf,	einem starken Schaf,	unserem besten Schaf!
der großen Kuh,	einer starken Kuh,	unserer besten Kuh!
den großen Hühnern,	starken Hühnern,	unseren besten Hühnern!

Ich will ein Foto auf dem größten Bullen!

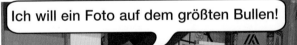

Mensch, ist der Bulle groß! Alles ist winzig, was ich von hier oben sehe!

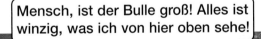

Wie ist das bei dir mit dem Deutschlernen?

> Es fällt mir schwer, im Unterricht Deutsch zu sprechen.

> Es gefällt mir, interessante Texte auf Deutsch zu lesen.

> Ich habe keine Probleme, die Hausaufgaben in Deutsch zu machen.

> Ich finde es wichtig, Übungen zum Wortschatz zu machen.

> Ich finde es schwierig, deutsche Texte zu lesen.

> Es fällt mir nicht leicht, Deutsche beim Sprechen zu verstehen.

> Es macht mir Spaß, im Unterricht Deutsch zu sprechen.

> Ich schaffe es nicht, den ganzen Wortschatz zu behalten.

1 *Wie ist das bei dir? Erzähle.*

AB 1

Es gefällt mir (nicht), Es macht mir (keinen) Spaß, Ich schaffe es ohne Probleme/nicht, Ich finde es einfach/leicht/schwierig/schwer, Ich habe (keine) Probleme, Ich finde es wichtig/unwichtig, Es fällt mir leicht/schwer,	Hörtexte zu verstehen. deutsche Wörter zu schreiben. deutsche Wörter auszusprechen. den Wortschatz zu lernen. einen deutschen Film anzusehen. einen deutschen Text vorzulesen. mich auf Deutsch zu unterhalten. eine Prüfung auf Deutsch zu machen. ein Lied auf Deutsch zu singen. Aufgaben zu einem Lesetext zu lösen. Bücher auf Deutsch zu lesen. ...

Lerntipps

1. Es ist sinnvoll, nach dem Essen eine Pause zu machen und dann erst mit dem Lernen zu beginnen. Nach dem Essen bekommt das Gehirn nämlich weniger Sauerstoff und man wird müde. Zum Lernen braucht das Gehirn aber viel Sauerstoff.

2. Es ist wichtig, beim Lernen regelmäßig kurze Pausen zu machen. In der kurzen Pause kann man aufstehen, das Fenster öffnen, Gymnastik machen, auf die Toilette gehen, Obst essen oder Saft trinken.

3. Zum Warmwerden braucht das Gehirn etwas Zeit. Deshalb ist es besser, mit einer leichten oder interessanten Aufgabe anzufangen. Danach kann man dann auch schwierige Aufgaben lösen.

4. Es ist praktisch, den Lernstoff in Portionen aufzuteilen. Die Arbeitszeit für jede Lernportion darf nicht länger sein als 30 bis 45 Minuten. Dann muss man eine kurze Pause machen. Das ist effektiver als stundenlanges Lernen.

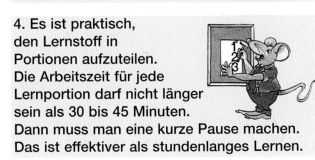

5. Man soll möglichst nicht alle schriftlichen Aufgaben hintereinander machen. Es ist sinnvoll, zwischen schriftlichen (S) und mündlichen (M) Aufgaben abzuwechseln.

6. Es ist schlecht, für zwei Fremdsprachen nacheinander zu lernen. Ähnliche Dinge kann man beim Lernen leicht verwechseln.

7. Es ist sehr wichtig, den Lernstoff auf mehrere Tage zu verteilen und möglichst oft zu wiederholen. Nur so kommt der Lernstoff ins Langzeitgedächtnis.

8. Unter Stress lernt man schlecht. Deshalb muss man versuchen, Ruhe zu haben, den Schreibtisch in Ordnung zu halten und die beste Zeit zum Lernen für sich selbst herauszufinden. Es ist sinnvoll, sich an diese Zeit zu gewöhnen und nicht in letzter Minute zu lernen. So kann man Stress vermeiden.

---

2 *Welche Überschrift passt?* 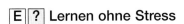 AB 2

A ? Vom Leichten zum Schweren

B ? Ähnliches nicht nacheinander

C ? SMS-Regel

D ? Ein voller Bauch lernt nicht gern

E ? Lernen ohne Stress

F ? Mach mal Pause!

G ? Kleine Portionen

H ? Nicht alles an einem Tag

3 *So lernt Alexis. Gebt ihm Lerntipps.*

AB 3

1. Er lernt stundenlang ohne Pause.
2. Er lernt gleich nach dem Mittagessen.
3. Er beginnt mit schwierigen Aufgaben.
4. Er hört beim Lernen Musik.
5. Er lernt erst kurz vor dem Test.
6. Er räumt seinen Schreibtisch nie auf.
7. Er lernt den ganzen Lernstoff an einem Tag.
8. Er macht zuerst alle schriftlichen Aufgaben.
9. Mündliche Aufgaben macht er oft erst auf dem Schulweg.
10. Nach Englisch lernt er für Deutsch.

> Alexis muss vermeiden/aufhören, stundenlang ohne Pause zu lernen.
> Er soll kurze Pausen machen.

4 *Erkläre die Schaubilder.*

AB 4

Was man sich merkt und wie man lernt

 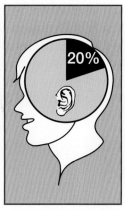 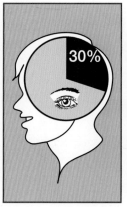  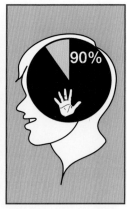

Man merkt sich Man lernt	am meisten, (sehr) viel, wenig, weniger, am wenigsten,	wenn man	etwas liest. zuhört. über etwas spricht. etwas sieht. etwas selbst tut.

5a *Hör zu. Wer macht was, um Vokabeln zu lernen?*

A Amin

B Theresa

C Laura

D Marcel

Was Schüler machen, um Vokabeln zu lernen

1 **?** steht vor dem Spiegel und spricht die Wörter laut.

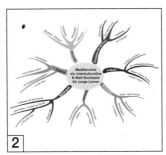

2 **?** schreibt und malt ein Wörternetz.

3 **?** spricht und nimmt die Wörter auf Kassette auf.

4 **?** schreibt Zettel und hängt sie überall auf.

b *Hör die Interviews noch einmal. Wozu machen sie das?*

1. **?** braucht den Kassettenrekorder,
2. **?** hört sich die Wörter auf Kassette an,
3. **?** muss die Wörter hören,
4. **?** schreibt Vokabeln auf bunte Zettel,
5. Die Mutter von **?** hängt auch Zettel auf,
6. **?** stellt sich vor den Spiegel,
7. **?** macht auch kleine Dialoge mit sich selbst,
8. **?** nimmt ein großes Blatt Papier,
9. **?** braucht Buntstifte,
10. **?** macht ein Wörternetz,

a) um sie sich besser merken zu können.
b) um Spanisch zu lernen.
c) um Wörter auf Kassette aufzunehmen.
d) um laut mit sich selbst zu sprechen.
e) um Französisch zu üben.
f) um die Wörter aufzuschreiben und auf Deutsch zu sagen.
g) um ein Wörternetz zu schreiben.
h) um sie überall aufzuhängen.
i) um alle Vokabeln zu einem Thema auf einem Blatt zu haben.
j) um mit verschiedenen Farben zu schreiben.

1	2	3	4	5	6	7	8	9	10
c	?	?	?	?	?	?	?	?	?

c *Wozu sind diese Lernmethoden gut? Erzähle.*

> AB 5

> Die Spiegel-Methode ist geeignet, damit man frei sprechen lernt.

Die Spiegel-Methode Die Wörternetz-Methode Die Kassetten-Methode Die Zettel-Methode	ist	praktisch, nützlich, geeignet, brauchbar,	damit man ...

1. frei sprechen lernen
2. die Wörter über Bilder und Farben lernen
3. die Wörter überall sehen können
4. die Wörter nach Diktat schreiben können
5. alle Wörter zum Thema auf einem Blatt haben

6. die Wörter laut aussprechen
7. die Aussprache üben
8. die Angst vor dem Sprechen verlieren
9. die Wörter ständig wiederholen
10. die Wörter über das Hören und Schreiben lernen

Das segelnde Klassenzimmer

- „Das segelnde
- Klassenzimmer" ist
- ein Projekt einer
- Schule auf der
5 Nordsee-Insel
- Spiekeroog. Das
- Klassenzimmer
- ist dabei das
- Segelschiff „Thor
10 Heyerdahl", auf dem
- die Schüler leben,
- arbeiten und lernen.
- Mit an Bord sind
- auch der Kapitän,
15 die Schiffsmannschaft, Lehrer und ein Schiffs-
- arzt. 15- bis 18-jährige Schüler verbringen

- sieben Monate auf der „Thor Heyerdahl",
- überqueren den Atlantik und fahren in die
- Karibik. Für Schüler aus den 7. und 8. Klassen
20 gibt es in den Sommerferien einen vier-
- wöchigen Segeltörn rund um Großbritannien.
- An Bord hat jeder Schüler klare Pflichten. Die
- Schülerversammlung verteilt regelmäßig die
- Aufgaben und entscheidet, wer welche
25 Arbeiten übernimmt, z.B. die Segel setzen
- und einholen,
- das Ruder
- bedienen,
- Wache
30 halten, kleine
- Reparaturen
- machen,
- Maschinen
- kontrollieren,
35 das Schiff
- sauber halten, die Kabinen aufräumen,
- Küchendienst machen, Unterricht und Aus-
- flüge vorbereiten oder das Bordtagebuch
- schreiben. Die Fahrt auf der „Thor Heyerdahl"
40 verlangt viel von den Schülern. Sie leben und
- arbeiten an Bord wie eine große Familie, die
- ihre schönen Erlebnisse hat, aber auch ihre
- Probleme.

6 *Lies den Text. Suche die Informationen im Text und beschreibe das Schulprojekt.*

1. Projektname: Zeile [?]
2. Schulort: Zeile [?]
3. Schiffsname: Zeile [?]
4. Besatzung: Zeile [?]

5. Teilnehmer: Zeile [?]
6. Reisedauer: Zeile [?]
7. Reiseroute: Zeile [?]
8. Pflichten: Zeile [?]

7 *Wozu braucht man das an Bord? Fragt euch gegenseitig.*

> AB 6

das Ruder	der Knoten	die Schwimmweste	das Ölzeug	der Anker	der Rettungsring
A [?]	B [?]	C [?]	D [?]	E [?]	F [?]

G [?]	H [?]
der Kompass	die Alarmglocke

1. Man bestimmt die Himmelsrichtung.
2. Man rettet jemanden aus Seenot.
3. Man bindet das Segel fest.
4. Man macht das Schiff fest.
5. Man steuert das Schiff.
6. Man ertrinkt nicht.
7. Man wird nicht nass.
8. Man läutet bei Feuer.

> Wozu braucht man das Ruder?

> Um das Schiff zu steuern.
> Damit man das Schiff steuern kann.

8 *Wozu machen sie das? Verbindet die Sätze mit „um ... zu" oder „damit".*   AB 7

Lernen mit Kopf, Herz und Hand

1. Die Schüler segeln rund um Großbritannien.
2. Auf dem Schiff leben sie vier Wochen lang in einer Bordgemeinschaft.
3. Vorher haben sie einen Segelkurs gemacht.
4. Im Segelkurs haben sie auch viel Theorie gelernt.
5. Auf dem Schiff schlafen sie in Gemeinschaftskajüten.
6. An Bord arbeiten sie rund um die Uhr.
7. Die Aufgaben verteilt die Schülerversammlung.
8. Alle müssen sich an die Regeln halten.
9. Sie beobachten Wind und Wetter.
10. Sie markieren die Orte auf der Schiffskarte.
11. Sie schreiben das Bordtagebuch auf Englisch.
12. Ein Arzt ist mit an Bord.
13. Sie machen Landausflüge.
14. Sie schlafen bei gutem Wetter draußen an Deck.
15. Sie helfen und unterstützen sich gegenseitig.

a) Das Schiff fährt Tag und Nacht.
b) Sie können Mond und Sterne am Himmel beobachten.
c) Sie wollen Wetterkunde lernen.
d) Sie wollen ihre Englischkenntnisse verbessern.
e) Sie wollen gemeinsam eine Sprach- und Erlebnisreise machen.
f) Sie lernen, Rücksicht aufeinander zu nehmen.
g) Die Teamarbeit in der Schule soll danach besser funktionieren.
h) Ihre Klassengemeinschaft soll stärker werden.
i) Der Kapitän kann die Reiseroute bestimmen.
j) Sie haben wichtige Segelmanöver gelernt.
k) Sie sollen Disziplin lernen.
l) Sie wollen Großbritannien und seine Sehenswürdigkeiten kennen lernen.
m) Sie wollten die Segelprüfung bestehen.
n) Er behandelt sie bei Seekrankheit und Unfällen.
o) Jeder Schüler soll klare Pflichten haben und sie wollen Streit vermeiden.

1	2	3	4	5	6	7	8	9	10	11	12	13	14	15
e	h	?	?	f	?	?	?	?	?	?	?	?	?	?

> Die Schüler segeln rund um Großbritannien, um gemeinsam eine Sprach- und Erlebnisreise zu machen.

> Auf dem Schiff leben sie vier Wochen lang in einer Bordgemeinschaft, damit ihre Klassengemeinschaft stärker wird.

Satzmodelle

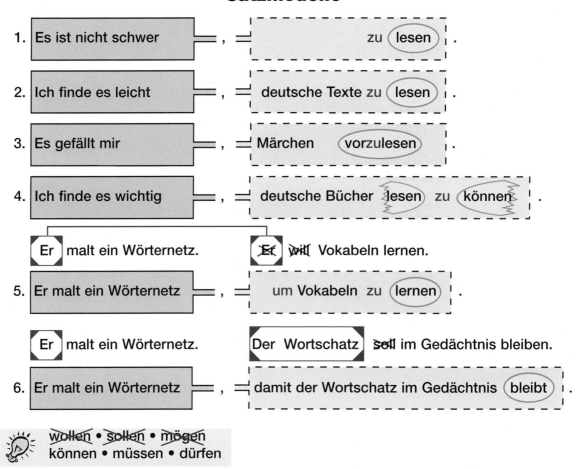

1. Es ist nicht schwer , zu (lesen) .

2. Ich finde es leicht , deutsche Texte zu (lesen) .

3. Es gefällt mir , Märchen (vorzulesen) .

4. Ich finde es wichtig , deutsche Bücher (lesen) zu (können) .

Er malt ein Wörternetz.   Er will Vokabeln lernen.

5. Er malt ein Wörternetz , um Vokabeln zu (lernen) .

Er malt ein Wörternetz.   Der Wortschatz soll im Gedächtnis bleiben.

6. Er malt ein Wörternetz , damit der Wortschatz im Gedächtnis (bleibt) .

wollen • sollen • mögen
können • müssen • dürfen

---

9 *Bilde eigene Sätze wie in den Satzmodellen und schreib sie in dein Heft.*

Satzmodell 1: Ich habe Lust, ...
Satzmodell 2: In der Schule ist es verboten, ...
Satzmodell 3: Er versucht, ...
Satzmodell 4: Ich wünsche mir, ...
Satzmodell 5: Ich lerne Deutsch, ...
Satzmodell 6: Unser Lehrer plant eine Klassenfahrt, ...

> In der Schule ist es verboten, Zigaretten zu rauchen.

---

10 *Sucht einen Partner. Macht Dialoge.*

Das habe ich gelernt:

Was macht dir Spaß?	Es macht mir Spaß, zu tauchen, Ausflüge vorzubereiten, segeln zu können, ...
Was gefällt dir nicht?	Es gefällt mir nicht, zu kochen, Regeln einzuhalten, früh aufstehen zu müssen, ...
Wozu braucht ein Schiff das Radar?	Um Hindernisse auf dem Wasser festzustellen, ... Damit kein Unfall passiert, ...

Die Schlaumeier gehen an Bord

Wozu machen wir das eigentlich alles?

Genau!
Wir wollen etwas gemeinsam erleben. Und du sollst Disziplin lernen!

Um etwas gemeinsam zu erleben und damit du endlich mal Disziplin lernst!

Ach, ist das schön, eine Seereise zu machen, ständig aufräumen zu müssen, nachts Wache halten zu dürfen und für alle das Geschirr abzuwaschen.

10 Tage später ...

Na, Bello, weißt du jetzt, wozu wir die Seereise gemacht haben?

Na klar, um Delfine zu beobachten und ... damit Herr Schlau sich erholen kann!

31

Wir tun was für den Umweltschutz

Wir leben alle auf derselben Erde. Doch die Erde gehört uns Menschen nicht allein. Wir sind für unsere Umwelt verantwortlich. Auch die Menschen nach uns wollen hier noch leben, ohne ständig Naturkatastrophen zu erleben. Wir alle können etwas für die Umwelt tun, anstatt sie zu verschmutzen und zu zerstören.

1. Die Umwelt sauber halten, statt sie zu verschmutzen

- Wir bringen den Abfall zum Mülleimer. *Wir werfen ihn nicht auf die Straße.*
- Batterien, Farben und Giftstoffe geben wir zum Sondermüll. *Wir sollen sie nicht in den Hausmüll werfen.*
- Wir sparen Glas und kaufen Getränke in Pfandflaschen. *Wir verwenden keine Einwegflaschen.*
- Mehr als die Hälfte von allem Müll ist Verpackung. Dazu gehören auch Papier und Pappe. Altpapier kann man sammeln, recyceln und wieder verwenden. *Man wirft es nicht in den Hausmüll.*

2. Energie sparen, statt sie zu verschwenden

- Wenn wir Lampen, Radio und Fernseher nicht brauchen, schalten wir sie aus. *Wir lassen sie nicht den ganzen Tag an.*
- Über die Hälfte der Energie brauchen wir für die Heizung. Wir ziehen uns im Haus wärmer an. *Wir drehen die Heizung nicht voll auf.*
- Wir schließen jedes Mal sofort den Kühlschrank. *Wir sollen ihn nicht längere Zeit offen lassen.*

3. Die Natur schützen, statt sie zu zerstören

- Auch in Städten und auf Schulhöfen sind Pflanzen ein Stück Natur. Wir pflanzen dort Blumen und Bäume. *Wir sollen die Erde nicht überall mit Beton verschließen.*
- Wälder sind für viele Lebewesen wichtig. Deshalb müssen wir den Wald erhalten, pflegen und schützen. *Wir sollen die Wälder nicht zerstören.*

1 *Lest den Text. Gebt euch gegenseitig Umwelttipps.* AB 1

1. Wir bringen den Abfall zum Mülleimer, (an)statt ihn auf die Straße zu werfen.
2. Batterien, Farben und Giftstoffe geben wir ..., (an)statt ...
3. Wir sparen Glas ..., (an)statt ...
4. Altpapier kann man ..., (an)statt ...
5. Wenn wir Lampen, ..., (an)statt ...
6. Wir ziehen uns ..., (an)statt ...
7. Wir schließen jedes Mal ..., (an)statt ...
8. Wir pflanzen in der Stadt und auf Schulhöfen ..., (an)statt ...
9. Wir müssen den Wald ..., (an)statt ...

2 *Was macht Familie Grau falsch? Ordne zu und erzähle.* AB 2

1. Jan lässt beim Zähneputzen das Wasser laufen.
2. Frau Grau bringt Jan mit dem Auto zur Schule.
3. Lisa gießt die Blumen mit Leitungswasser.
4. Radio, Fernseher und Computer laufen im Stand-by-Betrieb.
5. Lisa badet gern in der Badewanne.
6. Die Rechnungen kommen mit der Post.
7. Die Lampen sind ständig an.
8. Herr Grau fährt mit dem Auto ins Büro.

a) Graus sollen sie online bezahlen.
b) Er soll das Wasser ausmachen.
c) Er soll die öffentlichen Verkehrsmittel benutzen.
d) Graus sollen sie am Tag ausmachen.
e) Graus sollen Regenwasser zum Gießen sammeln.
f) Er soll mit dem Fahrrad fahren.
g) Sie soll sich unter die Dusche stellen.
h) Graus sollen die Geräte nach Gebrauch ausschalten.

1	2	3	4	5	6	7	8
b	f	?	?	?	?	?	?

Jan lässt beim Zähneputzen das Wasser laufen, anstatt das Wasser auszumachen.

Frau Grau bringt Jan mit dem Auto zur Schule, anstatt dass er mit dem Fahrrad fährt.

E-Team-Projekt an Heidelberger Schulen

- Die Stadt Heidelberg unterstützt seit vielen
- Jahren das Sparen von Energie an
- Heidelberger Schulen. Schüler und Lehrer
- sollen lernen, mit Energie sparsam
5 umzugehen. An den Schulen gibt es
- Energiespar-Teams (E-Teams), die aus
- Schülern, Lehrern und den Hausmeistern
- bestehen. Das E-Team untersucht den
- Energie- und Wasserverbrauch der Schule.
10 Das E-Team entwickelt ein Programm, wo
- und wie man in der Schule Wasser und
- Energie sparen kann. Auch im Physik-,
- Mathematik-, Erdkunde-, Biologie-,
- Deutsch- und Kunstunterricht ist das
15 Energiesparen ein wichtiges Thema. Die
- Schüler machen Ausstellungen, die über
- das Energiesparen informieren. In einer
- Projektwoche üben die Schüler, wie man
- Wasser, Licht und Heizung sparen kann. Die
20 Mitglieder des E-Teams kontrollieren dann,
- ob die Schüler alles richtig machen. Im Jahr
- 1999 war der erste Preis ein Tag schulfrei
- und 75 Euro.
- Die Stadt Heidelberg unterstützt die
25 Schulen bei ihrem Sparprogramm: Sie gibt
- Tipps zum Energiesparen, berät die Teams,
- hilft bei Informationsveranstaltungen,
- besorgt Informationsmaterial und stellt
- Kontakte zu anderen E-Teams in Europa
30 her.
- Jedes E-Team in Heidelberg bekommt von
- der Stadt einen Messkoffer mit Mess-
- geräten.

- Mit diesen Geräten können die E-Teams
35 messen, wie viel Strom und Wasser die
- Schule verbraucht und wie warm es in den
- Räumen ist.
- Für jüngere Schüler schickt die Stadt das
- Energie-Infomobil an die Schulen.

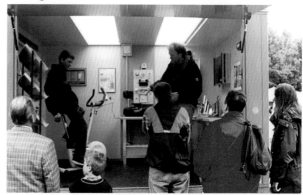

40 Hier können die Schüler mit einem Fahrrad
- Strom produzieren oder Computerspiele
- zum Thema Energie spielen.
- Die Heidelberger Schulen haben große
- Erfolge mit ihrem Sparprogramm. So
45 konnte eine Schule einmal sogar insgesamt
- 25000 Euro an Energiekosten in einem
- Schuljahr einsparen.

- Circa 40 Prozent von diesem Geld hat die
- Schule bekommen. Einige Schulen kaufen
50 von ihrem Geld kleine Windkraft- oder
- Solaranlagen, um selbst alternative Energie
- produzieren zu können.

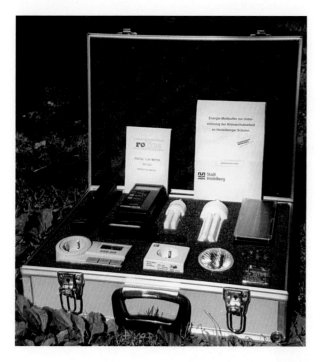

3 *Lies den Text. Suche die Antworten im Text.*

Zeile

1. Wer hilft den Heidelberger Schulen bei ihrem Energiesparprogramm? `?`
2. Wer gehört zu einem E-Team? `?`
3. Welche Aufgaben hat das E-Team? `?`
4. In welchen Fächern arbeiten die Schüler zum Thema? `?`
5. Was machen die Schüler in der Projektwoche? `?`
6. Was war 1999 der erste Preis für das Energiesparen? `?`
7. Wie hilft die Stadt den Schulen? `?`
8. Was kann man mit dem Messkoffer machen? `?`
9. Was kann man im Energie-Infomobil machen? `?`
10. Warum machen viele Schulen so gern beim Energiesparen mit? `?`

4 *Hör zu. Was passt zusammen?*

1. Das E-Team sorgt dafür,
2. Auf der Erde haben wir nur noch für 50 Jahre Erdöl und Erdgas,
3. Schulen brauchen sehr viel Energie,
4. Die Stadt Heidelberg hilft mit Tipps und Material,
5. Das E-Team geht durch die Schule und sucht nach Orten,
6. Um Energie für die Heizung zu sparen,
7. Anstatt die Klassenräume auf 22 Grad zu heizen,
8. Damit die Schule in den Klassenräumen Strom spart,
9. Das E-Team hat mit Erfolg gearbeitet,
10. Die Schule hat Solarzellen gekauft,

a) wo die Schule viel Energie verbraucht.
b) um die E-Teams bei ihrer Arbeit zu unterstützen.
c) heizt man die Flure nur noch auf 15 Grad.
d) damit es im Schulgebäude Licht, Heizung und warmes Wasser gibt.
e) denn die Schule hat 25000 Euro weniger für Strom und Wasser ausgegeben.
f) dass seine Schule weniger Strom und Wasser verbraucht.
g) heizt man sie heute nur noch auf 20 Grad.
h) um Energie für alle Menschen zu produzieren.
i) damit sie selbst Energie herstellen kann.
j) machen die Schüler in jeder Pause das Licht aus.

1	2	3	4	5	6	7	8	9	10
?	?	?	?	?	?	?	?	?	?

Europäische **Nacht der Fledermäuse**

Die Europäische Nacht der Fledermäuse ist eine Aktion von Umweltschützern in ganz Europa. Die „batnight" findet jedes Jahr im August gleichzeitig in 30 Ländern statt.

Im Kalkberg von Bad Segeberg bei Hamburg gibt es die größten Fledermaushöhlen in Europa, in denen ungefähr 15000 Fledermäuse leben. Diese Höhlen sind eine ideale Unterkunft für die Fledermäuse, denn man stört sie dort tagsüber nicht. Wenn es im Winter kalt ist und friert, sind die Höhlen als Quartier sehr gut geeignet. Die Fledermäuse stehen in ganz Europa unter Artenschutz, weil sie wichtige Insektenjäger und vom Aussterben bedroht sind. Eine Fledermaus frisst pro Nacht bis zu 5000 Mücken und andere Insekten.

Veranstaltungsprogramm

Sonntag 31.08.
14–23 Uhr
Bad Segeberg
Rund um den Kalkberg

1. Spiele rund um die Fledermaus

2. Fledermausschutz in Haus und Garten

3. Fledermaushöhlen selbst bauen

4. Sprechstunde beim „Fledermaus-Doktor"

5. Fledermaus-Quiz

6. Fledermaus-Radar am Abendhimmel

7. Mit dem Pferdewagen zu den Jagdrevieren der Fledermäuse

8. Live-Übertragung vom Fledermausausflug

9. Abschlussparty mit der Band „The Bats"

5a *Lies den Text. Suche die Informationen im Text und erzähle bitte.*

1. batnight
2. Zeitpunkt
3. Der Kalkberg
   von Bad Segeberg
4. Fledermäuse in Bad Segeberg
5. Fledermäuse in Europa
6. Insektenbeute pro Nacht
   (von 15000 Fledermäusen)

b *Welche Veranstaltung ist das? Ordne den Veranstaltungsnummern zu.* ➤ AB 3 ➤

a) Der Pferdewagen fährt einen zu dem Gebiet, wo Fledermäuse jagen.
b) Er zeigt einem, wie man kranke Fledermäuse pflegt und füttert.
c) Abends sieht man auf einem riesigen Bildschirm, wie die Fledermäuse aus ihren Höhlen fliegen.
d) Man kann mit Fledi, der Fledermaus, Computerspiele machen.
e) Umweltschützer erklären einem, wie man Fledermaushöhlen selbst baut.

f) Umweltschützer informieren einen, wie man Fledermäuse schützen kann.
g) Mit dem Fledermausdetektor kann man die Signale von Fledermäusen hören.
h) Hier bekommt man Essen und Getränke und die Band macht für einen Musik.
i) Umweltschützer stellen einem Fragen über die Fledermaus und man kann Preise gewinnen.

1	2	3	4	5	6	7	8	9
?	?	?	?	?	?	?	?	?

Was Jugendliche zum Schutz der Umwelt wichtig finden

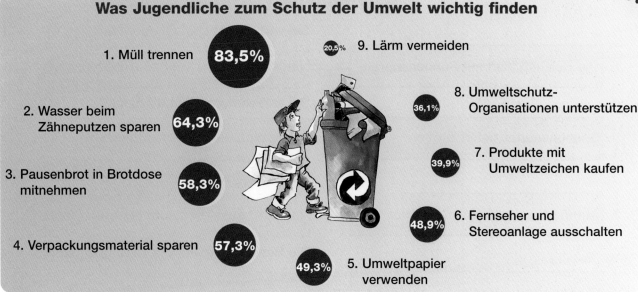

1. Müll trennen **83,5%**

20,5% 9. Lärm vermeiden

2. Wasser beim Zähneputzen sparen **64,3%**

36,1% 8. Umweltschutz-Organisationen unterstützen

3. Pausenbrot in Brotdose mitnehmen **58,3%**

39,9% 7. Produkte mit Umweltzeichen kaufen

4. Verpackungsmaterial sparen **57,3%**

48,9% 6. Fernseher und Stereoanlage ausschalten

49,3% 5. Umweltpapier verwenden

 6a *Was finden Jugendliche zum Schutz der Umwelt wichtig? Ordne zu.* ⟩ AB 4–6 ⟩

a) Man soll das Pausenbrot in eine Brotdose einpacken, ohne Papier oder Plastiktüten zu verwenden.
b) Man soll nichts schreiben und drucken, ohne Umweltpapier zu benutzen.
c) Man soll Produkte mit dem Umweltzeichen kaufen, ohne nur auf den Preis zu achten.
d) Man soll keinen Müll wegwerfen, ohne ihn zu trennen.
e) Man soll Fernseher und Stereoanlage benutzen und danach ausschalten, ohne dass sie ständig im Stand-by-Betrieb laufen.
f) Man soll sich bewegen, ohne viel Lärm zu machen.
g) Man soll die Zähne putzen, ohne dass das Wasser ständig läuft.
h) Man soll Umweltschutz-Organisationen aktiv unterstützen, ohne Zeit und Mühe zu sparen.
i) Man soll Produkte herstellen, ohne viel Verpackungsmaterial zu verwenden.

1	2	3	4	5	6	7	8	9
?	?	?	?	?	?	?	?	?

---

 b *Erkläre die Statistik.* ⟩ AB 7 ⟩

Die Mehrheit findet, Fast zwei Drittel finden, Mehr als die Hälfte findet, Weniger als die Hälfte meint, Mehr als ein Drittel meint, Ungefähr ein Fünftel findet,	man soll ...

 die Hälfte

51,3% ungefähr die Hälfte

59,5% mehr als die Hälfte

47,7% weniger als/fast die Hälfte

 33,3% ein Drittel

 25% ein Viertel

 20% ein Fünftel

Satzmodelle

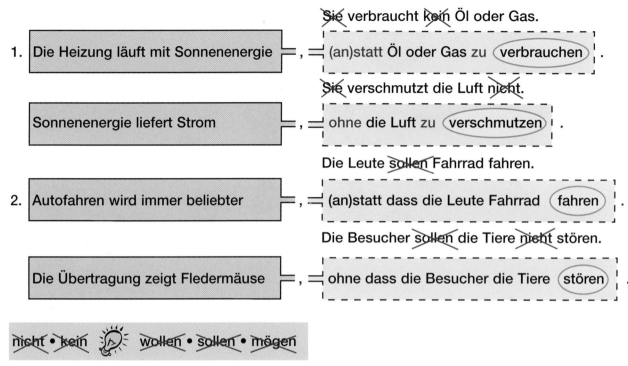

1. Die Heizung läuft mit Sonnenenergie

Sie verbraucht ~~kein~~ Öl oder Gas.

, = (an)statt Öl oder Gas zu (verbrauchen) .

Sonnenenergie liefert Strom

Sie verschmutzt die Luft ~~nicht~~.

, = ohne die Luft zu (verschmutzen) .

2. Autofahren wird immer beliebter

Die Leute ~~sollen~~ Fahrrad fahren.

, = (an)statt dass die Leute Fahrrad (fahren) .

Die Übertragung zeigt Fledermäuse

Die Besucher ~~sollen~~ die Tiere ~~nicht~~ stören.

, = ohne dass die Besucher die Tiere (stören) .

~~nicht~~ • ~~kein~~ ~~wollen~~ • ~~sollen~~ • ~~mögen~~

7 Suche zu jedem Satzmodell Beispielsätze in der Lektion und schreib sie in dein Heft.

Man soll den Abfall zum Mülleimer bringen, statt ...

8 Hört die Wörter. Wo hörst du das „g" und wo nicht? Lest die Wörter dann vor.

	ng	ng̶		ng	ng̶		ng	ng̶
1. Veranstaltungen	?	?	7. ungern	?	?	13. bringen	?	?
2. angreifen	?	?	8. Leitungen	?	?	14. England	?	?
3. Angst	?	?	9. lange	?	?	15. Junge	?	?
4. unglaublich	?	?	10. Singular	?	?	16. Hunger	?	?
5. hängen	?	?	11. ungesund	?	?	17. ungemütlich	?	?
6. fangen	?	?	12. Dinge	?	?	18. ungefähr	?	?

9 Sucht einen Partner. Macht Dialoge.

Das habe ich gelernt:

Siehst du gern fern?

Was machst du lieber: rechnen oder lesen?

Wie verbringst du die Ferien?

Anstatt fernzusehen, gehe ich lieber ins Kino.

Ich lese lieber, statt zu rechnen.

Ohne Hausaufgaben zu machen.

Ohne früh aufzustehen.

Ohne in die Schule gehen zu müssen.

Die Schlaumeier als Umweltschützer

Heizung, Wasser, Strom und Licht verschwenden kluge Schüler nicht!

Wir wollen Energie sparen, statt sie zu verschwenden, aber ohne dass die Zimmertemperatur zu niedrig ist und ohne dass die Klasse zu wenig Licht hat.

Das soll **man** nun verstehen!
Das bringt **einen** doch ganz durcheinander.
Das muss **einem** der Schlau aber erklären!

Quatsch, wir machen ein E-Team und finden heraus, wie man Energie spart.

Der erste Preis geht an die Schlaumeier für das beste E-Team der Stadt.

Wie habt ihr das denn geschafft, so viel Energie zu sparen?

Wir haben weniger geheizt, ... aber ohne zu frieren!
Wir haben das Licht in den Pausen ausgemacht, ... aber ohne im Dunkeln zu sitzen!
und wir haben Papier sparsam benutzt, ... statt immer Hausaufgaben zu machen!

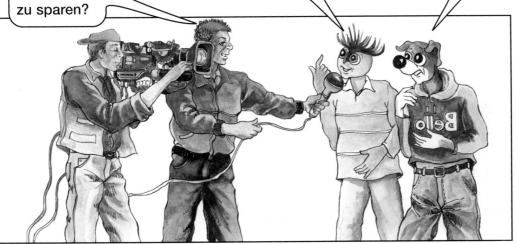

Das Wattenmeer, eine Wildnis in Europa

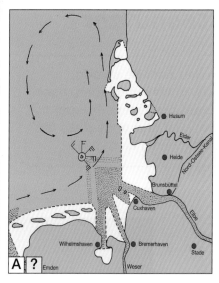

A ?

B ?

C ?

D ?

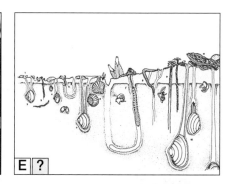

E ?

F ?

G ?

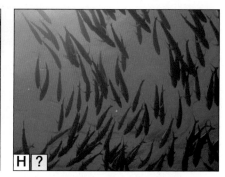

H ?

1 *Lies die Texte. Ordne den Texten die passenden Bilder zu.*

AB 1

1. Das Wattenmeer ist ein sehr flaches, höchstens zehn Meter tiefes Meer und gehört zur Nordsee. Es besteht aus einer Fläche von ungefähr 8000 km². 10 Prozent des Wattenmeers gehören zu Dänemark, 30 Prozent gehören zu Holland und 60 Prozent gehören zu Deutschland.

2. Zweimal täglich geht und kommt das Meer. Bei Ebbe läuft das Wasser ab, man sieht den Meeresboden und man kann über das Watt wandern. Bei Flut kommt das Wasser zurück und bedeckt den Meeresboden wieder. Bei Ebbe gehört das Wattenmeer zum Land, bei Flut gehört es zum Meer.

3. Das Wattenmeer sorgt für die Reinigung der Nordsee. Das Wattenmeer reinigt und filtert einen großen Teil des Nordseewassers.

4. Das Watt ist besonders reich an Muscheln, Schnecken, Krebsen und Würmern. Im Watt gibt es zehnmal so viele Lebewesen wie im Nordseeboden.

5. Weil das Wattenmeer so reich an Nahrung ist, kommen jährlich sechs bis neun Millionen Vögel als Gäste vorbei, um sich im Watt für den Weiterflug satt zu fressen.

6. Die meisten Nordseefische verbringen ihre Jugend bei Flut im Wattenmeer und ernähren sich von seinen Lebewesen. Darum nennt man das Wattenmeer auch „das Kinderzimmer" der Nordsee.

7. Die Robbe lebt als einziges Säugetier im Wattenmeer und hat sich an den Wechsel von Ebbe und Flut gewöhnt. Bei Ebbe liegen die Robben in Rudeln auf Sandbänken. Dort warten sie auf die Flut, um wieder nach Fischen jagen zu können.

8. Das Wattenmeer ist eine Wildnis mitten in Europa. Hier leben noch dieselben Pflanzen- und Tierarten wie vor 10000 Jahren. Das deutsche Wattenmeer wurde 1985 zu einem Nationalpark. Im Nationalpark „Wattenmeer" sorgt man für den Schutz von Landschaft, Tieren und Pflanzen und man achtet darauf, dass Besucher nichts zerstören.

2a *Was passt zusammen? Ordne zu und berichte.*

1. Das Wattenmeer **besteht aus** ...
2. 60% vom Wattenmeer **gehören zu** ...
3. Bei Ebbe **gehört** das Wattenmeer **zum** ...
4. Bei Flut **gehört** das Wattenmeer **zum** ...
5. Das Wattenmeer **sorgt für** ...
6. Das Watt **ist** besonders **reich an** ...
7. 6 bis 9 Millionen Vögel **gehören zu** ...
8. Jungfische **ernähren sich von** ...
9. Robben haben **sich gewöhnt an** ...
10. Auf Sandbänken **warten** die Robben **auf** ...
11. Bei Flut **jagen** die Robben **nach** ...
12. Das Wattenmeer **gehört zu** ...
13. Vor etwa 20 Jahren **wurde** das Wattenmeer **zu** ...
14. Im Nationalpark Wattenmeer **achtet** man **auf** ...

a) Land.
b) Muscheln, Schnecken, Krebsen und Würmern.
c) den Gästen im Watt.
d) den Lebewesen im Wattenmeer.
e) den Schutz von Landschaft, Tieren und Pflanzen.
f) den Wechsel von Ebbe und Flut.
g) die Flut.
h) Deutschland.
i) Meer.
j) einem Nationalpark.
k) einer Fläche von 8000 km².
l) die Reinigung des Nordseewassers.
m) Fischen.
n) den Naturschutzgebieten Europas.

1	2	3	4	5	6	7	8	9	10	11	12	13	14
?	?	?	?	?	?	?	?	?	?	?	?	?	?

b *Macht ein Wattenmeer-Quiz mit eurem Partner.*

AB 2

woran? • worauf? • woraus? • wofür? • wonach? • wovon? • wozu?

Worauf achtet man im Nationalpark?

Man achtet auf ...

3a *Was passt zusammen? Ordnet zu und ergänzt die Sätze.*   AB 3

Ferien an der Nordsee

A |?| an das Nordseeklima

M |?| auf die Flut

B |?| über schlechtes Wetter

F |?| mit einem Spaziergang

G |?| nach Salz und Fisch

H |?| von Meerestieren

N |?| über die lustigen Robbenbabys

O |?| über eine Wildnis mitten in Europa

C |?| nach dem Veranstaltungsprogramm

D |?| für die Robben

I |?| auf die Fragen von Touristen

J |?| nach Muscheln

K |?| über das Wetter

P |?| nach Fischen

Q |?| an die Ferien

L |?| über die Zeiten von Ebbe und Flut

R |?| auf die Ferien an der Nordsee

E |?| von den Lebewesen im Watt

1. Das Fernsehen berichtet über ...
2. Die Familie freut sich auf ...
3. Der erste Ferientag beginnt mit ...
4. Die Kinder suchen nach ...
5. Die Nordseeluft riecht nach ...
6. Die Leute am Strand sprechen über ...
7. Die Badegäste warten auf ...
8. Die Zeitung informiert über ...
9. Die Nordseegäste gewöhnen sich schnell an ...

10. Die Urlauber ärgern sich über ...
11. Die Hotelgäste fragen nach ...
12. Die Touristen interessieren sich für ...
13. Die Besucher der Robbenstation lachen über ...
14. Die Robben jagen nach ...
15. Ein Umweltschützer erzählt von ...
16. Die Wasservögel ernähren sich von ...
17. Der Umweltschützer antwortet auf ...
18. Die Urlauber erinnern sich gern an ...

b *Macht neue Dialoge.*   AB 4, 5

| woran? • worauf? • wofür? • worüber? womit? • wonach? • wovon? | daran • darauf • dafür • darüber damit • danach • davon |

● Wonach jagen Robben?
○ Nach Fischen.

● Was kann das sein?
　Darauf warten die Badegäste.
○ Auf die Flut.

42

4 Was passt zusammen?

AB 6

1. Seehunde schließen Ohren und Nase, während ...
2. Seehunde bleiben unter Wasser, bis ...
3. Seehunde ruhen sich auf Sandbänken aus, bis ...
4. Robbenmütter bleiben auf Sandbänken, während ...
5. Robbenjunge bleiben mit ihrer Mutter an Land, während ...
6. Robbenmütter verlassen bei Lärm und Gefahr ihre Jungen, bis ...
7. Mutterlose Robbenjunge weinen und heulen laut, während ...
8. Die mutterlosen Babys schwimmen oft tagelang im Meer, bis ...
9. Tierschützer sorgen für die mutterlosen Robbenjungen, bis ...
10. Tierschützer füttern die mutterlosen Robbenbabys, bis ...

a) ... sie wieder Sauerstoff brauchen.
b) ... sie Muttermilch trinken.
c) ... die Gefahr vorbei ist.
d) ... sie auf ihre Mütter warten.
e) ... sie genug Fett unter der Haut haben.

f) ... sie tauchen.
g) ... man sie findet.
h) ... sie allein nach ihrer Nahrung suchen können.
i) ... sie ihre Jungen bekommen.
j) ... die Flut kommt.

1	2	3	4	5	6	7	8	9	10
?	?	?	?	?	?	?	?	?	?

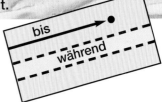

5 Hör zu. Was ist richtig? Was ist falsch?

AB 7

In der Seehund-Aufzuchtstation

1. Die Aufzuchtstation ist in Norddeich.
2. Frauke arbeitet dort jeden Tag.
3. Vaterlose Robbenbabys heißen Heuler.
4. Bei Sturm verlieren Seehundmütter oft ihre Babys.
5. Hilflose Robbenbabys, die man findet, bringt man zum Fischer.
6. Der Tierarzt füttert die Heuler fünf- bis siebenmal am Tag.
7. Die Seehunde in der Aufzuchtstation fressen 5000 bis 8000 Kilo pro Jahr.
8. Die Heuler bleiben in der Aufzuchtstation, bis sie 12 Kilo schwer sind.
9. Im September bringt man die jungen Seehunde wieder in die Nordsee.
10. Die jungen Seehunde haben keine Probleme, in der Nordsee zu überleben.

Nationalpark
Schleswig-
Holsteinisches
Wattenmeer

 6a *Lies die Texte. Ordne den Texten die passenden Bilder zu.*

1. Die drei Länder am Wattenmeer, Dänemark, Deutschland und Holland, arbeiten in einer Kommission zusammen, um Landschaft, Tiere und Pflanzen im Wattenmeer gemeinsam zu schützen. Zum Beispiel besteht der National-park „Wattenmeer" in Niedersachsen aus drei Schutzzonen:
In Zone I (60,7% der Fläche) darf man das ganze Jahr nur auf Wegen gehen, die markiert sind. Hier wachsen nämlich seltene Pflanzen, die man schützen will, auf Dünen und Salz-wiesen.
In Zone II (38,7% der Fläche) darf man vom 1. April bis 31. Juli nur auf markierten Wegen gehen. In dieser Zeit haben nämlich die Vögel im Watt Junge und brauchen Ruhe.
Nur Zone III (0,6% der Fläche) dient dem Tourismus. Hier können sich Touristen und Badegäste erholen.

2. Früher flossen Schmutzwasser und giftige Abwässer ungefiltert in die Nordsee. Vor allem über den Rhein und die Elbe kamen diese Ab-wässer aus Haushalten und von der Industrie ins Meer. Umweltschutz-Organisationen haben dafür gesorgt, dass es inzwischen Gesetze gibt, die die Gewässer schützen. Aber immer noch fließen Giftstoffe aus der Landwirtschaft in die Nordsee, die dann auch Meerestieren und Meerespflanzen im Wattenmeer schaden.

3. Mit dem Regenwasser kommen Gifte aus den Abgasen von Industrie, Autos und Flugzeugen in die Nordsee.

4. Die Nordsee hat den stärksten Schiffs-verkehr der Welt und es passieren häufig Schiffsunfälle. So kommen Öl, Abwässer und Müll in die Nordsee. Schiffe verletzen und töten auch viele Meerestiere.

5. Im Wattenmeer sollen große Windparks entstehen, wo viele Windräder Strom produzieren. Das Wattenmeer ist nämlich für Windparks sehr geeignet, da man hier mit dem Meereswind mehr Strom als an Land herstellen kann. Umweltschützer sind aber der Meinung, dass Windparks im Wattenmeer der Natur sehr schaden können:
- Die Windparks verursachen nämlich großen Lärm und bedeuten Stress für die Tiere. Windparks zerstören die Grundlage dafür, dass die Tiere ungestört leben können.
- Außerdem stören Windparks den Vogelflug. Viele Meeresvögel kommen in die Gefahr, sich an den Windrädern zu verletzen und daran zu sterben.

b *Wie heißen die Überschriften zu den Texten? Ordne zu.*

1. Gemeinsame Kommission ...	a) durch Giftstoffe aus der Luft
2. Transport von Giftstoffen ...	b) durch den Schiffsverkehr
3. Verschmutzung der Nordsee ...	c) zum Schutz des Wattenmeers
4. Schäden ...	d) gegen Windparks
5. Umweltschützer ...	e) über Flüsse in die Nordsee

c *Was passt zusammen?*

AB 8, 9

1. Drei Länder achten gemeinsam darauf, ...
2. Im Nationalpark sorgen Schutzzonen dafür, ...
3. Umweltschützer sind verantwortlich dafür, ...
4. Industrie, Haushalte und Landwirtschaft sind schuld daran, ...
5. Der Regen sorgt dafür, ...
6. Die Medien berichten immer wieder darüber, ...
7. Viele Robben und Fische sterben daran, ...
8. Große Windparks im Wattenmeer sollen dafür sorgen, ...
9. Umweltschützer kämpfen dafür, ...
10. Der Bau von Windparks kann dazu führen, ...

a) dass Gifte aus Abgasen in die Nordsee kommen.
b) dass man keine Windparks baut.
c) dass man das Wattenmeer schützt.
d) dass Schiffe sie verletzen.
e) dass die Tiere im Wattenmeer ihre Lebensgrundlage verlieren.
f) dass man Tiere nicht stört und die Pflanzen schützt.
g) dass immer noch Giftstoffe in die Nordsee fließen.
h) dass es Gesetze zum Schutz der Gewässer gibt.
i) dass Schiffsunfälle Katastrophen verursachen.
j) dass man mehr Strom produziert.

1	2	3	4	5	6	7	8	9	10
?	?	?	?	?	?	?	?	?	?

Satzmodelle

1. Das Fernsehen berichtet | über den Nationalpark Wattenmeer | .

   Die Sendung beginnt | mit dem Besuch in der Seehund-Aufzuchtstation | .

2. Die Zeitung berichtet auch | darüber | . Der Artikel beginnt | damit | .

3. Die Leute freuen sich | darüber | , = | dass man die Robbenbabys (rettet) | .

   Sie interessieren sich auch | dafür | , = | wo man Seehunde beobachten (kann) | .

4. | Worüber | berichtet das Fernsehen?   –   Über die Seehund-Aufzuchtstation.

   ⚠ | Mit wem | spricht die Reporterin?   –   Mit Frauke und dem Tierarzt.

7a *Suche zu jedem Satzmodell Beispielsätze in der Lektion und schreib sie in dein Heft.*

Das Wattenmeer sorgt für die Reinigung der Nordsee.

b *Finde eine Regel zu Satzmodell 4.*

8 *Sucht einen Partner. Macht Dialoge.*

Das habe ich gelernt:

Bis wann/Wie lange bleibst du auf der Party?	Bis mich mein Bruder abholt.
Wann hörst du Musik?	Während ich Hausaufgaben mache.
Worüber freust du dich?	Über das Geschenk.
Wovon hat er erzählt?	Von seiner Reise.
Von wem hat sie erzählt?	Von ihrer Freundin.
Worauf achtest du besonders?	Ich achte besonders darauf, dass mein Zimmer ordentlich ist, wann ich ins Bett gehe, was ich esse und trinke.

Die Schlaumeier im Watt

47

Im Fernsehstudio

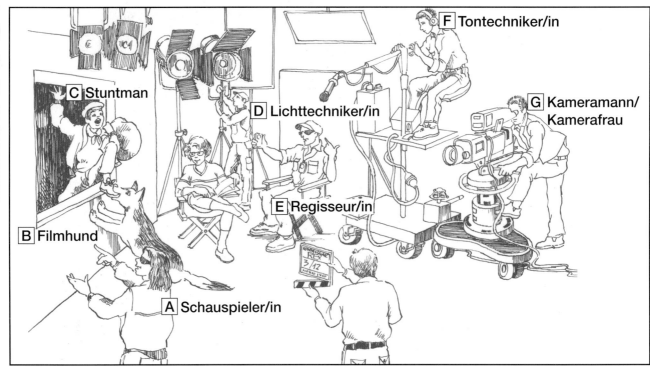

C Stuntman
F Tontechniker/in
D Lichttechniker/in
G Kameramann/ Kamerafrau
E Regisseur/in
B Filmhund
A Schauspieler/in

1a *Wer macht das? Ordne zu.*

1. ? filmt die Szenen.
2. ? spielt die Rolle der Kommissarin.
3. ? ersetzt einen Schauspieler in einer gefährlichen Szene.
4. ? spielt den Polizeihund Rex.
5. ? leitet die Dreharbeiten.
6. ? beleuchtet die Filmszenen.
7. ? nimmt den Ton auf.

b *Von wem wird das gemacht? Erzähle bitte.*

> AB 1–3

... • der Bühnenbildner/die Bühnenbildnerin • der Drehbuchautor/die Drehbuchautorin
der Geräuschemacher/die Geräuschemacherin • der Kostümbildner/die Kostümbildnerin
der Maskenbildner/die Maskenbildnerin • der Produzent/die Produzentin
der Tiertrainer/die Tiertrainerin • der Trickspezialist/die Trickspezialistin

1. Den Ton aufnehmen?
2. Die Kostüme aussuchen?
3. Spezialeffekte herstellen?
4. Den Schauspieler schminken?
5. Die Geräusche erzeugen?
6. Den Filmhund dressieren?
7. Einen Schauspieler ersetzen?
8. Die Filmproduktion finanzieren?
9. Das Drehbuch schreiben?
10. Die Kulissen entwerfen?
...

> Der Ton wird vom Tontechniker/
> von der Tontechnikerin aufgenommen.

> Die Kostüme werden vom Kostümbildner/
> von der Kostümbildnerin ausgesucht.

2 *Erzählt über die Fernsehserie.*

 # Kommissar Rex

AB 4–6

Die Sendung Die Fernsehserie Die Folgen Informationen Kommissar Rex Der Filmhund	wird werden	in 100 Ländern von 8,5 Mio. Zuschauern in Deutschland in neun Sprachen seit 1993 vom Fernsehsender Sat.1 im Internet von verschiedenen Hunden vom Tiertrainer auf Tricks mit Wurstbrötchen von seinen Fans in Wien	gespielt. gedreht. belohnt. produziert. geliebt. veröffentlicht. gesendet. gesehen. übersetzt. gezeigt. vorbereitet.

Die Fernsehserie wird in 100 Ländern gezeigt. ...

3 *Lies und erkläre die Statistik. Sag deine Meinung.*

AB 7, 8

   # Deutschlands Lieblingssendungen

Von je 100 Befragten sehen besonders gern:

Nachrichtensendungen	55
Sportsendungen	28
Krimis	27
Unterhaltungsshows	27
Politik-/Wirtschaftssendungen	26
Gesundheits-/Verkehrs-/Natur-/Techniksendungen	26
Quiz-/Gameshows	21
Abenteuer-/Horrorfilme	17
Heimatfilme, Volksmusik-/Schlagersendungen	15
Serien	14
Musiksendungen, Videoclips	13
Reality-TV	11
Talkshows	9
Kunst-/Kultur-/Theater-/Opernsendungen	8
Kinder- und Jugendsendungen	5

1. Die Statistik gibt Auskunft über ...
2. Die meisten Leute ziehen ... vor.
3. Viele Leute, nämlich 28% (Prozent), sehen gern ...
4. Gleich viele Leute schauen entweder ... oder ... an.
5. Einige Leute interessieren sich besonders für ...
6. Für manche Leute sind ... interessant.
7. Bei wenigen Leuten, nämlich 8%, sind ... beliebt.
8. Die wenigsten Leute gucken ...

> Mich überrascht, dass ...
> Es ist interessant, dass ...
> Ich finde auch/nicht, dass ...
> Mir gefällt/gefallen ... am besten/
> nicht, weil ...

4a *Was passt zusammen? Lies die Erklärungen und ordne sie den Begriffen zu.*

Internet-Lexikon

1. Auf ihm werden Informationen, Texte und Bilder gezeigt.

I der Link

7. Buchstaben und Bilder werden von ihm auf Papier gedruckt.

D die Homepage

T die Maus

5. Man unterhält sich im Internet miteinander. Das, was man sagen will, tippt man in den Computer. Und man liest, was die anderen sagen.

A die Tastatur

2. Sie ist ein elektronischer Brief, mit dem auch Text- oder Bilddateien verschickt werden.

M die Suchmaschine

8. Sie ist eine Informationsseite im Internet. Sie wird von Firmen, Institutionen oder Privatpersonen ins Netz gestellt.

E der Drucker

3. Wenn sie mit dem Computer verbunden werden, kann man Töne, Wörter und Musik damit hören.

9. Er ist ein Hinweis auf weitere Informationen. Wenn er angeklickt wird, wird eine neue Seite zum Thema aufgerufen.

U die E-Mail

M der Bildschirm/Monitor

L die Lautsprecher (Pl.)

4. Sie wird durch ein Kabel mit dem Computer verbunden. Wenn sie bewegt wird, dann bewegt sich auch der Zeiger auf dem Bildschirm. Damit kann man etwas auf dem Bildschirm anklicken.

6. Das Internet wird von ihr wie ein riesiges Lexikon benutzt. Sie findet blitzschnell Informationen, wenn ein Suchwort eingegeben wird. Es gibt sie auch für Kinder und Jugendliche.

I chatten

10. Wenn man ihre Tasten drückt, werden Buchstaben, Zahlen und Befehle in den Computer eingegeben.

	1	2	3	4	5	6	7	8	9	10
Lösung:	?	?	?	?	?	?	?	?	?	?

b *Suche die passenden Verben aus den Texten heraus und ergänze.* AB 9

anklicken • anklicken • aufrufen • bewegen • drucken • drücken • eingeben
eingeben • hören • stellen • suchen/finden • verbinden • verschicken • zeigen

1. die Homepage ins Netz ?
2. ein Suchwort ?
3. die Maus ?
4. den Link ?
5. eine E-Mail ?
6. eine neue Seite zum Thema ?
7. ein Kabel mit dem Computer ?
8. etwas auf dem Bildschirm ?

9. Informationen im Internet ?
10. die Tasten auf der Tastatur ?
11. Befehle in den Computer ?
12. mit der Maus etwas ?
13. Buchstaben und Bilder auf Papier ?
14. über die Lautsprecher Töne, Wörter
    und Musik ?

5a *Lest den Lexikon-Eintrag und diskutiert in der Klasse darüber.*

Internet-Sucht, *die*
kann für manche Leute zu einer Gefahr werden. Sie surfen und chatten täglich stundenlang im Internet oder verbringen viele Stunden vor dem Bildschirm mit Internetspielen. Sie leben nur noch in dieser virtuellen Welt, die für sie eine Flucht aus der Wirklichkeit ist. Sie bemerken nicht, dass sie süchtig sind und Hilfe brauchen.

Ich meine, dass ...
Ich finde, dass ..
Ich glaube, dass ...
Ich weiß, dass ...
Ich kann mir vorstellen, dass ...

b *Hör zu. Was ist richtig? Was ist falsch?* AB 10

	R	F
1. Tobias saß früher länger am Computer als heute.	?	?
2. Er hat nur am Wochenende vor dem Computer gesessen.	?	?
3. Er hat Internetspiele ins Netz gestellt.	?	?
4. Er wurde beim Spielen immer besser.	?	?
5. Er hat die Hausaufgaben auch am Computer gemacht.	?	?
6. Er hat seine Freunde nur beim Chatten getroffen.	?	?
7. Ihm blieb keine Zeit für seine Hobbys.	?	?
8. Die Internetspiele mussten seine Eltern teuer bezahlen.	?	?
9. Tobias hat jetzt eine Freundin.	?	?
10. Tobias verbringt seine Freizeit jetzt nicht mehr allein am Computer.	?	?

Der Bücherbus – eine Bibliothek auf Rädern

Nicht nur in den Städten, sondern auch auf dem Land kann man Bücher ausleihen. Zwar gibt es auch in Dörfern viele Leser, aber oft keine Bibliotheken. Deshalb kommt der Bücherbus sowohl in kleine Städte als auch in viele Dörfer auf dem Land. Bücherbusse gibt es schon seit vielen Jahren. Die meisten Besucher sind Kinder und alte Leute. Der Bücherbus hält an besonderen Haltestellen. Er bietet sowohl Bücher und Zeitschriften als auch Hörbücher, Computerprogramme, CDs und DVDs an. Man kann die Medien entweder ausleihen oder bestellen, wenn der Bus sie nicht dabei hat. Weder die Bibliothekarin noch der Busfahrer beschweren sich über ihre anstrengende Arbeit. Jeder Gast wird von ihnen freundlich beraten und kommt gern wieder.

6a *Lest den Text und erzählt weiter.*

1. Junge Leser und Erwachsene leihen Bücher aus. (sowohl – als auch)
2. Sie nutzen den Bücherbus als Bibliothek und als Treffpunkt. (nicht nur – sondern auch)
3. Regen und Kälte hindern die Besucher nicht daran, Bücher auszuleihen. (weder – noch)
4. Die meisten Besucher leihen Sachbücher und Krimis aus. (entweder – oder)
5. Der Bücherbus kommt in jedes Dorf, er kommt nur einmal pro Woche. (zwar – aber)
6. Den Bücherbus gibt es in Deutschland und in anderen Ländern. (nicht nur – sondern auch)
7. Jährlich werden zahlreiche Medien ausgeliehen und viele Leser bedient. (sowohl – als auch)

> Sowohl junge Leser als auch Erwachsene leihen Bücher aus.

b *Sucht die Informationen in Aufgabe 6a und erzählt bitte.*

Wo? Wie? Wie oft? Warum? Wie lange? Wer? Was? Wohin?

 7 *Medien: Macht eine Umfrage in der Klasse.*

AB 11

> Siehst du regelmäßig fern?
> Wie oft/Wie lange siehst du fern?
> Wie viele Stunden täglich siehst du fern?

Medien-Umfrage	regelmäßig (Stunden täglich)	selten	nie
fernsehen	?	?	?
ins Kino gehen	?	?	?
Video/DVD gucken	?	?	?
Radio hören	?	?	?
mit dem Handy/Telefon telefonieren	?	?	?
CDs/Kassetten hören	?	?	?
am Computer spielen/arbeiten	?	?	?
im Internet surfen	?	?	?
Zeitungen/Zeitschriften lesen	?	?	?
Bücher lesen	?	?	?

8 *Lest das Wörternetz und fragt euch gegenseitig.*

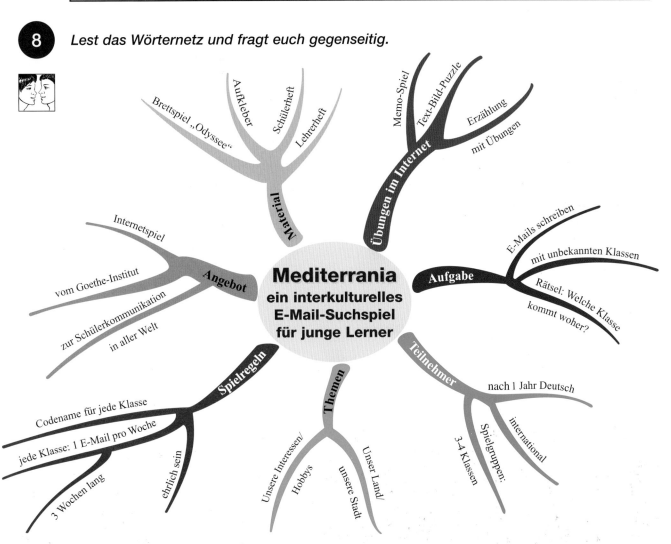

1. Was ist Mediterrania?
2. Von wem wird Mediterrania angeboten?
3. Wozu wird Mediterrania genutzt?
4. Was wird gebraucht, wenn man teilnehmen will?
5. Wer wird als Teilnehmer aufgenommen?

6. Welche Deutschkenntnisse werden verlangt?
7. Welche Übungen werden im Internet gemacht?
8. Welche Aufgabe wird gestellt?
9. Welche Themen werden behandelt?
10. Welche Spielregeln müssen eingehalten werden?

Satzmodelle

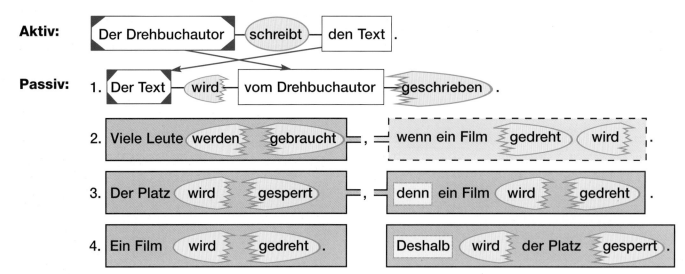

Aktiv: Der Drehbuchautor — schreibt — den Text.

Passiv: 1. Der Text — wird — vom Drehbuchautor — geschrieben.

2. Viele Leute werden gebraucht, wenn ein Film gedreht wird.

3. Der Platz wird gesperrt, denn ein Film wird gedreht.

4. Ein Film wird gedreht. Deshalb wird der Platz gesperrt.

9 Bilde zu jedem Satzmodell drei neue Sätze und schreib sie in dein Heft.

10 Hört die Wörter. Lest sie euch dann gegenseitig vor.

1. Wurst und Brötchen: Wurstbrötchen
2. Kraft und Training: Krafttraining
3. Herbst und Sturm: Herbststurm
4. Strumpf und Größe: Strumpfgröße
5. Bauch und Schmerzen: Bauchschmerzen

6. Unterricht und Stunde: Unterrichtsstunde
7. Schrank und Schlüssel: Schrankschlüssel
8. Schwarz und Brot: Schwarzbrot
9. Brett und Spiel: Brettspiel
10. Sand und Strand: Sandstrand

11 Sucht einen Partner. Macht Dialoge.

Das habe ich gelernt:

Was wird im Tonstudio gemacht?	Da wird der Ton aufgenommen.
Wer wird eingeladen?	Alle Schauspieler werden eingeladen.
Werden die Kostüme gekauft?	Nein, sie werden genäht.
Von wem werden sie genäht?	Sie werden vom Kostümbildner genäht.
Wie viele Schüler haben den Film gesehen?	Die meisten/Die wenigsten/Alle/Viele/Einige/Manche/Wenige Schüler.
Für wen war der Film interessant?	Für die meisten/die wenigsten/alle/viele/einige/manche/wenige Schüler.
Von wem wird das Konzert besucht?	Von den meisten/den wenigsten/allen/vielen/einigen/manchen/wenigen Leuten.

Bei den Schlaumeiern piept es

Im Wald ...
muss man sowohl die Tiere als auch die Pflanzen schützen.
Der Wald schenkt uns nicht nur Ruhe, sondern auch Sauerstoff.
Im Wald darf man weder Lärm noch Musik machen.

Wir sind zwar im Wald, aber wir sind auch auf einem Ausflug.
Entweder spielen wir jetzt oder ich gehe nach Hause.

Mein Handy! Endlich!

Du – **angerufen werden**? Nein,
ich **werde** **angerufen**,
du **wirst** nicht **angerufen**,
er **wird** später **angerufen**,
sie **wird** auch nicht **angerufen**,
es **wird** nicht **angerufen**,
wir **werden** oft **angerufen**, aber
ihr **werdet** nicht **angerufen**,
sie **werden** nicht **angerufen** und
Sie **werden** auch nicht **angerufen**!

Na, Rosa?
Von wem wirst du denn angerufen?
Im Wald wird nur von Vögeln gepiept und nicht von Handys!

55

 **A** ?
 **B** ?
 **C** ?
 **D** ?

 **E** ?
 **F** ?
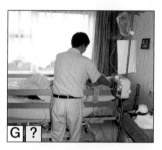 **G** ?
 **H** ?

 **I** ?
 **J** ?
 **K** ?
 **L** ?

---

1   *Wie heißt der Beruf? Ordne zu.*   `AB 1`

1. Architekt/in	5. Fachverkäufer/in	9. Krankenpfleger/Krankenschwester
2. Arzt/Ärztin	6. Friseur/in	10. Maler/in
3. Automechaniker/in	7. Informatiker/in	11. Polizist/in
4. Bankkaufmann/-frau	8. Journalist/in	12. Rechtsanwalt/Rechtsanwältin

---

2   *Was wäre dir im Beruf später wichtig? Fragt euch gegenseitig.*   `AB 2`

selbstständig arbeiten • mein Wissen weitergeben • im Freien/im Büro arbeiten
viele Sprachen sprechen • viel reisen • zu geregelten Zeiten arbeiten
Menschen helfen • mit den Händen arbeiten • viel Geld verdienen
mit Technik umgehen • mit Tieren umgehen • mit vielen Menschen umgehen
andere Länder kennen lernen • viel Freizeit haben • mein Hobby zum Beruf machen
mir meine Zeit selbst einteilen • Kontakt zu Menschen haben • am Computer arbeiten

> Was würdest du im Beruf gern machen?
> Was möchtest du im Beruf am liebsten machen?
> Was wäre dir im Beruf später wichtig?

> Ich würde gern selbstständig arbeiten.
> Ich möchte am liebsten viel reisen.
> Ich hätte gern viel Freizeit.

3a *Traumberufe: Sucht euren Traumberuf im Wörterbuch und macht eine „Klassen-Hitliste".*

Unsere Traumberufe
der Kapitän   III
die Pilotin   III
die Tierärztin   II
die Sängerin   II
der Ingenieur   I
der Astronaut   I
die Architektin   I
die Modedesignerin   I
der Schauspieler   I
...

Tier·arzt, Tier·ärz·tin der <-es, Tierärzte> (≈ *Veterinär*) *jmd., der eine Ausbildung auf dem Gebiet der Tiermedizin hat und beruflich Krankheiten bei Tieren behandelt* ▸ tierärztlich

b *Was würdest du gern werden und warum? Erzähle bitte.*

AB 3

Ich würde gern/am liebsten Ärztin werden, weil ich dann Menschen helfen und selbstständig arbeiten könnte.

Ich wäre gern/am liebsten Pilot, weil ich dann die Welt kennen lernen könnte.

4 *Lies und erkläre die Statistik.*

Das hätten Jugendliche gern im Leben			
	alle	Mädchen	Jungen
Erfolg im Beruf	53	62	44
gute Freunde	45	49	41
Familie	36	42	30
hohes Einkommen	19	11	26
gute Ausbildung	18	20	15
eigenes Haus	17	16	17
Sport als Hobby	9	4	14
stabile Gesundheit	4	5	3
	in Prozent %		

1. Die Statistik zeigt, was ...
2. Die meisten Jugendlichen hätten am liebsten ...
   Aber im Vergleich zu den Jungen ist ... für die Mädchen wichtiger.
3. Sehr viele Jugendliche ...
4. Mehr als ein Drittel ...
5. Fast gleich viele Jugendliche ...
6. Einige ...
7. Wenige ...

5a *Lest den Text. Was könnte Tina tun? Macht Vorschläge.*

AB 4

Abitur – ja oder nein?

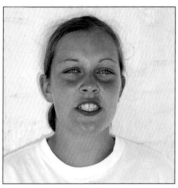

Tina, 15 Jahre, erzählt:

Ich will runter vom Gymnasium. Ich bin zwar in die neunte Klasse versetzt worden, aber ich glaube, ich schaffe das Gymnasium nicht. Ich will kein Abitur machen. Ich will ja gar nicht studieren. Der Druck in der Schule ist mir einfach zu groß. Die Lehrer sagen, dass ich lernen muss, selbstständig zu arbeiten, aber ich komme nicht klar. Meine Noten sind eigentlich in allen Fächern schlecht. Es fällt mir schwer, ständig zu lernen. Meine Eltern sagen immer: „Das schaffst du schon!" Ich will aber, dass sie mich vom Gymnasium abmelden.

das Abitur machen • fleißig sein • für Klassenarbeiten lernen • den Mut nicht verlieren
Lehrer oder Mitschüler um Hilfe bitten • in den Ferien für die Schule arbeiten
vom Gymnasium abgehen • auf die Realschule gehen • einen guten Realschulabschluss machen
sich einen interessanten Beruf aussuchen • eine Lehre oder eine Berufsausbildung machen

> Tina müsste fleißig sein.

> Sie sollte das Abitur machen.

> An ihrer Stelle würde ich kein Abitur machen.

> ...

> Sie könnte auf die Realschule gehen.

b *Hör zu. Was ist richtig? Was ist falsch?*

	R	F
1. Tina ist jetzt seit drei Monaten auf der Realschule.	?	?
2. Sie ist die beste Schülerin in Englisch und Mathe.	?	?
3. Die Lehrer auf der Realschule gefallen ihr gut.	?	?
4. Die neue Schule ist kleiner.	?	?
5. Tina ist jetzt fleißiger.	?	?
6. Sie hat auf dem Gymnasium regelmäßig gearbeitet.	?	?
7. Tina versteht jetzt, was sie früher falsch gemacht hat.	?	?
8. Tinas Leistungen sind jetzt nicht besser als früher.	?	?
9. Tina will den Realschulabschluss machen.	?	?
10. Tina will eine Ausbildung als Polizistin machen.	?	?

6a *Was könnte das sein? Schau dir Foto und Überschrift an und vermute.*

„SCHÜLER UNTERNEHMEN was!"

> Ich würde sagen, das ist ...
> Es könnte sein, dass ...
> Das müsste/könnte ... sein.
> Es wäre möglich, dass ...

b *Schülerfirmen: Lies den Text und schreib Stichworte in dein Heft.*

> AB 5

- Schüler backen Pizza, gründen Reisebüros
- und Internetcafés, verkaufen Schreibwaren,
- machen Zeitungen, programmieren Web-
- seiten, ... Sie machen mit ihren Schüler-
5 firmen Gewinn und verdienen Geld. In
- diesen Projekten lernen Schüler schon in
- der Schule Wirtschaft und Arbeitswelt
- kennen. Sie übernehmen die Rollen von
- Arbeitgebern und Arbeitnehmern, schließen
10 Verträge ab, machen Angebote für Kunden
- und übernehmen Aufträge. Inzwischen gibt
- es mehr als 150 Schülerfirmen in
- Deutschland. Ihre Chefs und Mitarbeiter
- sind Schüler, die von Projektlehrern

15 beraten und unterstützt werden. Die Arbeit
- in den Schülerfirmen gibt den Schülern
- Einblick in verschiedene Berufe. Das kann
- ihnen später bei der Berufswahl helfen.
- Das Schülerreisebüro „Power-Tours" wurde
20 1994 an der Friedrich-Ebert-Mittelschule in
- Hoyerswerda in Sachsen gegründet. Hier
- arbeiten vier Lehrer und 17 Schüler im Alter
- von 12 bis 16 Jahren. Sie organisieren
- Reise, Übernachtung, Verpflegung,
25 Programm und Sonderwünsche für
- Klassenreisen. Die Kunden sind Lehrer an
- der eigenen und an anderen Schulen.

Schülerfirmen

1. Projekte: ?
2. Lernziele: ?
3. Tätigkeiten: ?
4. Anzahl: ?
5. Mitarbeiter: ?
6. Power-Tours: Was? Wie lange? Wo? Wer?

Tempo

Unser Chef geht in die 10a
Ein Interview mit Rolf Moser
vom Schülerreisebüro „Power-Tours"

1. Tempo: ?

Rolf: Ich bin Geschäftsführer, zusammen mit zwei Kollegen. Ich habe mich für die Stelle beworben und man hat mich auch gewählt. Als Geschäftsführer ist man auch für das Geld und für das Konto bei der Bank verantwortlich. Da muss ich Geld überweisen, Geld holen, Geld hinbringen und so weiter.

2. Tempo: ?

Rolf: Also, eigentlich jeden Schultag, in der Woche ungefähr 15 bis 20 Stunden. Den meisten Spaß macht, dass wir ein gutes Team sind. Wir treffen uns am Nachmittag. Freundschaften entstehen und man wird auch in der Schule bekannt. Die Schüler und Lehrer kennen uns.

3. Tempo: ?

Rolf: Bisher kommen die meisten Mitarbeiter aus den 9. und 10. Klassen. Und genau das ist unser Problem. Wir müssen genug Schüler aus den 7. und 8. Klassen finden, die das Reisebüro weiterführen, wenn die 10. Klassen von der Schule abgehen.

* der Azubi = der Auszubildende

4. Tempo: ?

Rolf: Ja und nein. Am Anfang haben die Neuen meistens Angst vor der vielen Arbeit. Aber dann arbeiten alle mit großer Freude an der Sache mit.

5. Tempo: ?

Rolf: Wir organisieren Schulfahrten, Ausflüge, Reisen für Schulklassen, Kinder- und Jugendgruppen. Wir haben eigene Prospekte entwickelt und Werbung für unsere Firma gemacht. Wir arbeiten auch mit dem Fernsehen, dem Radio und den Zeitungen hier in der Region zusammen, die kostenlos für unser Reisebüro Werbung machen. Und so haben wir schon viele neue Kunden gewonnen.

6. Tempo: ?

Rolf: Ich würde gern Kaufmann im Einzelhandel werden. Ich habe 20 Bewerbungen geschrieben und endlich auch einen Ausbildungsplatz gefunden. Das Zertifikat über meine Arbeit bei Power-Tours hat mir dabei sehr geholfen. Im Sommer fange ich als Azubi* in einem Kaufhaus an.

Tempo: Dann wünschen wir dir viel Erfolg für die Zukunft.

---

7   *Welche Frage passt dazu?*

A ? Ist es schwierig, neue Mitarbeiter zu finden?

B ? Wie viele Tage in der Woche beschäftigst du dich mit Power-Tours?

C ? Was machst du nach der Schule und hast du schon eine Stelle?

D ? Was ist denn deine Tätigkeit bei Power-Tours?

E ? Und aus welchen Klassen kommen die Mitarbeiter aus eurem Team?

F ? Was macht ihr eigentlich genau bei Power-Tours?

8 *Sucht einen Partner. Der Erste stellt Fragen, der Zweite gibt die passende Antwort.*

AB 6

15 Fragen für Experten

1. der Gewinn?	6. der Schulabschluss?	11. berufstätig?
2. der Arbeitsplatz?	7. die Ausbildung?	12. der Arbeitgeber?
3. der Beruf?	8. der Mitarbeiter?	13. verdienen?
4. der Kunde?	9. die Bewerbung?	14. die Firma?
5. das Einkommen?	10. der Arbeitnehmer?	15. der Auftrag?

> Was ist/bedeutet/heißt „der Gewinn"?

> Das ist das Geld, das man bei einem Handel verdient.

I	Eine Person, die bei einer Firma arbeitet.
A	Ein Zeugnis, das man am Ende einer Schulausbildung bekommt.
L	Das Geld, das man für seine Arbeit bekommt.
S	Das Geld, das man bei einem Handel verdient.
U	Geld für seine Arbeit bekommen.
N	Ein Unternehmen, das Waren produziert und anbietet.
U	Jemand, der einkauft oder einen Auftrag zu etwas gibt.

L	Das ist man, wenn man in einem Beruf arbeitet.
H	Dafür muss man eine Ausbildung machen.
S	Jemand, der zusammen mit anderen bei einer Firma arbeitet.
G	Den übernimmt eine Firma für einen Kunden.
C	Der Platz, an dem jemand arbeitet.
D	Eine Person oder Firma, die Leuten Arbeit gibt.
B	Ein Schreiben an eine Firma, mit dem man Interesse für eine Stelle zeigt.
U	Das macht man, um einen Beruf zu lernen.

	1	2	3	4	5	6	7	8	9	10	11	12	13	14	15
Lösung:	S	?	?	?	?	?	?	?	?	?	?	?	?	?	?

9 *Frage deinen Partner und berichte dann über seine Wünsche.*

AB 7, 8

der Fußballprofi   der Popstar   das Model   der Filmstar

> Was wärst du (nicht) gern?
> Was hättest du dann (nicht)?
> Was würdest/könntest/müsstest/dürftest du dann (nicht) machen?

> Ich wäre (nicht) gern ...
> Dann hätte ich (kein) ...
> Dann würde/könnte/müsste/dürfte ich (nicht) ...

schöne Kleidung • viele Fans
viel Arbeit • viele Proben
viel Geld • ein Privatleben
...

andere Stars kennen lernen • andere Rollen spielen
viel reisen • teure Kleidung tragen • Diät machen
den ganzen Tag singen und tanzen • viel essen • aufräumen
immer Fußball spielen • immer lächeln • viel Geld verdienen

Infinitiv	Präteritum		KONJUNKTIV II
werden	ich wurde	⟶	ich würde
sein	ich war	⟶	ich wäre
haben	ich hatte	⟶	ich hätte
können	ich konnte	⟶	ich könnte
müssen	ich musste	⟶	ich müsste
dürfen	ich durfte	⟶	ich dürfte
mögen	ich mochte	⟶	ich möchte
sollen	ich sollte	⟶	ich sollte

Konjunktiv II von anderen Verben: ich (würde arbeiten)

10 *Wünsche, Vorschläge, Bitten: Bilde jeweils vier Sätze und schreib sie in dein Heft.*

Dazu braucht man den Konjunktiv II:

1. Wünsche angeben:
   Ich wäre gern Pilot. Ich hätte gern ein Auto.
   Ich würde gern fliegen. Ich möchte lieber tauchen.

2. Vorschläge machen/Ratschläge geben:
   Du könntest Arzt werden. Du solltest Abitur machen.
   Du müsstest fleißiger sein. An deiner Stelle würde ich studieren.

3. Aufforderung/höfliche Bitte:
   Würdest du bitte anrufen? Könntest du mir helfen?
   Wärst du so nett und würdest mir helfen?
   Hättest du Lust mitzugehen?

11 *Hör zu. Was fehlt: ä, ö oder ü?*

1. berufst[?]tig
2. Sch[?]ler
3. gew[?]hnen
4. Reiseb[?]ro
5. gr[?]nden

6. geh[?]ren
7. regelm[?]ßig
8. [?]berschrift
9. T[?]tigkeit
10. [?]berweisen

11. besch[?]ftigen
12. M[?]glichkeit
13. selbstst[?]ndig
14. Gesch[?]ft
15. fr[?]hlich

12 *Sucht einen Partner. Macht Dialoge.*

Das habe ich gelernt:

Was wärst du gern von Beruf?	Ich wäre gern Bäcker.
Hättest du gern Kinder?	Ja, ich hätte gern zwei Kinder.
	Nein, ich möchte keine Kinder.
Wo würdest du gern wohnen?	Ich würde gern am Meer wohnen.
Würdest du gern tauchen?	Ja/Nein, ich würde sehr gern/nicht gern tauchen.
Was könnte ich später machen?	Du könntest eine Ausbildung machen.
	An deiner Stelle würde ich eine Ausbildung machen.
Müsste ich dann studieren?	Ja/Nein, du müsstest (nicht) studieren.

Die Schlaumeier unternehmen was

Würdet ihr gern ein Schülercafé machen?

Schlaumeiers Spagetti-Stube

Ja, toll! Spitze! Im Schülercafé **sein**,

ich	**wäre**	gern der Koch,
du	**wärst**	eine gute Kellnerin,
er	**wäre**	ein guter Kellner,
sie	**wäre**	die Kassiererin,
es	**wäre**	das Maskottchen,
wir	**wären**	ein gutes Team,
ihr	**wärt**	tolle Mitarbeiter,
sie	**wären**	alle Arbeitnehmer und
Sie	**wären**	der Chef!

Spagetti **haben**,

ich	**hätte**	gern Spagetti,
du	**hättest**	auch gern Spagetti,
er	**hätte**	gern Spagetti,
sie	**hätte**	gern Spagetti,
es	**hätte**	gern Spagetti,
wir	**hätten**	alle gern Spagetti,
ihr	**hättet**	auch gern Spagetti,
sie	**hätten**	gern Spagetti, und
Sie	**hätten**	gern die Rechnung!

Spagetti **essen**,

ich	**würde**	gern Spagetti **essen**,
du	**würdest**	auch gern Spagetti **essen**,
er	**würde**	gern Spagetti **essen**,
sie	**würde**	gern Spagetti **essen**,
es	**würde**	gern Spagetti **essen**,
wir	**würden**	alle gern Spagetti **essen**,
ihr	**würdet**	auch gern Spagetti **essen**,
sie	**würden**	gern Spagetti **essen**, und
Sie	**würden**	gern **bezahlen**!

Kochen **müssen**,

ich	**müsste***	20 Kilo kochen,
du	**müsstest**	mir helfen,
er	**müsste**	bedienen,
sie	**müsste**	bedienen,
es	**müsste**	Salat machen,
wir	**müssten**	uns beeilen,
ihr	**müsstet**	ganz flott sein,
sie	**müssten**	ein wenig warten,
Sie	**müssten**	den Chef spielen.

Das wäre was für die Zeitung!

* ich könnte, dürfte, möchte, sollte

Tempo

Tempo-Diskussion: Schuluniform statt Markenkleidung?

Die drei Streifen an den Sportschuhen müssen sein und teuer bezahlt werden. Wer nicht genug Geld hat, kann sich die teuren Markenklamotten nicht leisten. Einige Politiker in Deutschland fordern deshalb: Schüler sollen Schuluniformen tragen. Was meint ihr dazu?

Alles dreht sich in der Schule um Kleidung. Wenn man sich keine Markenkleidung leisten kann, wird man von den anderen ausgeschlossen. Mit Schuluniformen würden alle gleich aussehen und es würde nur der Charakter zählen.
Annika Bauer, 14 Jahre

Wir sind eine sehr große Familie. Wir haben daher nicht so viel Geld, um teure Markenartikel zu kaufen. Mit Schuluniformen würden unsere Mitschüler meine Geschwister und mich sicher nicht mehr auslachen.
Christina Walter, 12 Jahre

Bei uns in der Schule tragen sowieso alle Jeans. Das ist schon fast eine Schuluniform. Bei uns ist jemand Außenseiter, wenn er abschreibt oder sich blöd verhält. Nicht wegen seiner Kleidung!
Alia Cengiz, 13 Jahre

Jeder soll das tragen, was er will. Wenn du wirklich gute Freunde hast, dann spielt Markenkleidung keine Rolle. Es würde mir nicht gefallen, eine Schuluniform zu tragen. Meine Kleidung ist nicht so wie die von allen anderen und darauf bin ich stolz.
Daniele Ferrara, 13 Jahre

Es macht doch Spaß, sich für die Schule witzig anzuziehen! Die Klamotten, die man dazu braucht, kann man billig in Secondhandshops kaufen. Das gilt bei uns in der Klasse als cool!
Sandra Hellwig, 15 Jahre

Aber was wird dann aus den vielen Kleidergeschäften? Die könnten dann sicher nicht mehr so viel verkaufen und es würde dann noch mehr Arbeitslose geben.
Oliver Mertens, 14 Jahre

---

1   *Schuluniform statt Markenkleidung: Wer sagt was dazu?*   〉AB 1, 2〉

1. [?] meint, Schüler sollen das anziehen, was ihnen gefällt.
2. [?] bemerkt, dass Markenklamotten bei Schülern eine große Rolle spielen.
3. [?] ist der Meinung, dass Jeans in ihrer Schule schon fast eine Uniform sind.
4. [?] findet es gut, dass es mit Schuluniformen keine Unterschiede gibt.
5. [?] erzählt, dass alle Mitschüler gern gebrauchte Kleidung kaufen.
6. [?] behauptet, dass Schuluniformen für die Geschäfte weniger Gewinn bringen.
7. [?] erklärt, man wird in ihrer Klasse nicht wegen Kleidung, sondern nur wegen schlechten Verhaltens ausgeschlossen.
8. [?] ist der Meinung, dass Kleidung für gute Freunde nicht wichtig ist.
9. [?] und [?] glauben, man wird mit Schuluniformen nicht mehr wegen seiner Kleidung abgelehnt.
10. [?] findet, dass man in der Schule moderne und verrückte Kleidung tragen sollte.

Thema Mode

auf Markenkleidung Wert legen? • sich Freunde nach der Kleidung aussuchen?
sich sportlich und praktisch anziehen? • Leute nach ihrem Outfit beurteilen?
Charakter wichtiger als Kleidung finden? • verrückte Kleidung tragen?
immer ordentlich und gepflegt aussehen? • Klamotten in Secondhandshops kaufen?
viel Geld für Klamotten ausgeben? • sich für Mode und Kleidung interessieren?

2 *Thema Mode: Diskutiert in der Klasse darüber.*   > AB 3 >

Ich verstehe es (nicht), Es ist ein/kein Problem, Es gefällt mir, Es ärgert mich, Ich finde es richtig/falsch,	wenn man ...
Ich finde es wichtig/unwichtig, Ich finde es nötig/unnötig,	dass man ...

> Es gefällt mir, wenn man verrückte Kleidung trägt.

> Ich finde es wichtig, dass man immer ordentlich und gepflegt aussieht.

3 *Hör zu. Mach eine Statistik in deinem Heft.*

Persönlicher Kleidungsstil

Jugendliche in Deutschland beschreiben ihren
persönlichen Kleidungsstil als:

1. praktisch [?]%
2. sportlich [?]%
3. einfach, zurückhaltend [?]%
4. qualitätsbewusst [?]%
5. markenorientiert [?]%
6. ausgefallen [?]%
7. verrückt, frech [?]%

65

4a *Im Secondhandshop: Wie findest du das? Erzähle bitte.*

€ 29

1. der Pullover

€ 5

2. der Badeanzug

€ 9,90

3. die Schuhe

€ 17

4. das Kleid

€ 120

5. der Mantel

€ 3,90

6. die Hose

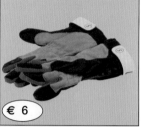

€ 6

7. die Handschuhe

€ 15

8. die Jacke

€ 0,99

9. die Badeschuhe

€ 4,50

10. der Schal

€ 7

11. das Hemd

€ 94,50

12. die Motorrad-kleidung

			langweilig.
Die Farbe	des Pullovers		toll.
Das Material	des Kleides		zu hoch/zu niedrig.
Die Qualität	der Hose	finde ich	in Ordnung.
Den Preis	**der** Schuhe		gut/schlecht.
			modern/altmodisch.
			schick.
			praktisch/unpraktisch.

Die Qualität des Pullovers finde ich toll.

Aber den Preis des Pullovers finde ich zu hoch.

b *Beschreibe deine Kleidung.*

AB 4–6

Die Farbe	meines ...		rot/grün/blau/...
Das Material	meines ...	ist	Wolle/Leder/Stoff/Kunststoff.
Der Schnitt	meiner ...		weit/eng.
	mein**er** ...		

Tempo

Farbtypen

1. Der Typ der Gefühle

Er ist ein Mensch der Fantasie. Er ist sehr kreativ und fängt gern neue Sachen an. Er denkt aber auch viel nach und wechselt häufig die Stimmung.

2. Der Typ der Bewegung

Er ist ein Mensch der Tat. Er hat viel Energie und mag den Zustand der Ruhe nicht. Er muss immer etwas tun.

3. Der Typ der Ruhe

Er ist ein Mensch der Geduld. Er lässt sich nie aus der Ruhe bringen. Er hat es gern bequem und gemütlich.

4. Der Typ der Offenheit

Er ist ein Mensch der Fröhlichkeit. Er ist gern in Gesellschaft, hat viele Kontakte und schließt schnell Freundschaften.

---

5 *Farbtypen: Lest, ordnet zu und erzählt bitte.* ⟩ AB 7 ⟩

A ? **Wintertyp:**
Zu ihm passen die klaren und kalten Farben des Winters wie grau, schwarz, weiß, blau, grün.

B ? **Frühlingstyp:**
Zu ihm passen die fröhlichen und hellen Farben des Frühlings und der Frühlingssonne wie gelb, orange, rosa, hellgrün, türkis.

C ? **Sommertyp:**
Zu ihm passen die frischen und klaren Farben des Sommers wie dunkelrosa, weinrot, blau, hellgrau.

D ? **Herbsttyp:**
Zu ihm passen die kräftigen und warmen Farben des Herbstlaubs wie braun, dunkelrot, dunkelorange, grün.

---

6 *Mein persönlicher Kleidungsstil: Macht eine Umfrage in der Klasse.*

- Welcher Farbtyp bist du?
- Welche Farbe steht dir am besten?
- Welche Kleidung passt am besten zu dir? (einfach, verrückt, ...)
- Was ziehst du am häufigsten an?
- Welches Material trägst du am liebsten?

Billig einkaufen und Gutes tun!

„Bring's & Kauf" – ein ganz anderes Kaufhaus

- Für die Kunden ist es ein Schnäppchen*-
- Paradies. Für die Angestellten ist es das
- Ende der Arbeitslosigkeit. Das Kaufhaus
- „Bring's & Kauf" in Bielefeld war nämlich
5 die Idee arbeitsloser Jugendlicher. Sie
- sammelten und verkauften gebrauchte
- Sachen und teilten das Geld untereinander
- auf. Dann hatten sie die Idee, ein Kaufhaus
- für gebrauchte Waren zu gründen. Sie
10 bekamen finanzielle Hilfe vom Bundesland
- Nordrhein-Westfalen und so entstand das
- Kaufhaus „Bring's & Kauf". Woher es seinen
- Namen hat, kann man sich vorstellen: Die
- Kunden können hier nämlich nicht nur billige
15 oder gebrauchte Waren kaufen, sondern
- solche Sachen auch bringen, das heißt dort
- abgeben oder an das Kaufhaus verkaufen.
- Auch die Bielefelder unterstützen das
- soziale Projekt. Sie bringen säckeweise alte
20 Sachen und manchmal sogar teure, fast
- neue Markenkleidung. Bei „Bring's & Kauf"
- gibt es Secondhandwaren und Restwaren
- aus Fabriken und Geschäften zu Billigst-
- preisen: z.B. Kleidung, Haushaltswaren,
25 CDs, Bücher, Spielzeug und Bioprodukte.
- Alle gebrauchten Sachen, die man bringt,
- müssen vorher gewaschen und gereinigt
- werden. Jeder Kunde, der hier einkauft,

- kann ein Schnäppchen machen und tut
30 auch noch etwas Gutes: Von dem Gewinn
- bezahlt das Kaufhaus 18 Angestellte, die
- früher zum größten Teil arbeitslos waren.

* ein Schnäppchen = eine Sache, die man ganz billig gekauft hat

7 *In welcher Zeile steht das?*

AB 8–10

	Zeile
1. Die Bielefelder schenken dem Kaufhaus gebrauchte Klamotten.	?
2. Das Projekt bekam Geld vom Land Nordrhein-Westfalen.	?
3. Das Kaufhaus gibt Arbeitslosen Arbeit.	?
4. Fabriken und Geschäfte verkaufen dem Kaufhaus billig ihre Restprodukte.	?
5. Das Kaufhaus zahlt den Angestellten Geld.	?
6. Das Kaufhaus bietet den Kunden viele verschiedene Waren an.	?
7. Der Verkauf von Secondhandwaren brachte die Jugendlichen auf die Kaufhaus-Idee.	?
8. Das Kaufhaus „Bring's & Kauf" bietet den Kunden billigste Preise.	?

8 *Was würdest du wem leihen? Fragt euch gegenseitig.*

AB 11

 der Fußball

 das Fahrrad

 die Mitschüler

 das Handy

 die CD

 der Lieblingspulli

 der Freund

 die Schuhe

 die Schwester

 das Geld

 der Bruder

 die Bücher

 die Freundin

 die Armbanduhr

 die Baseballkappe

● Würdest du einem Freund deinen Fußball leihen?
○ Ja, ich würde ihn ihm leihen.
　 Würdest du deinem Freund deinen Fußball leihen?
● Nein, ich würde ihm den Fußball nicht leihen.
　 Aber ich würde ihn meinem Bruder leihen.

9 *Hör zu. Was leihen sie wem?*

	Jana leiht	Timo leiht	Sofia leiht
A den Eltern	?	?	?
B den Geschwistern	?	?	?
C den Freunden	?	?	?
D den Mitschülern	?	?	?

1. die CDs

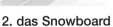

2. das Snowboard　3. den Schlafsack　4. den Laptop　5. das Keyboard　6. die Bücher

7. den CD-Spieler　8. das Lieblings-T-Shirt　9. das Geld　10. das Zelt　11. die Klamotten

Verben mit <u>Dativ</u> und <u>Akkusativ</u>

bringen, erzählen, geben, kaufen, leihen, schenken, wünschen, zeigen, ...

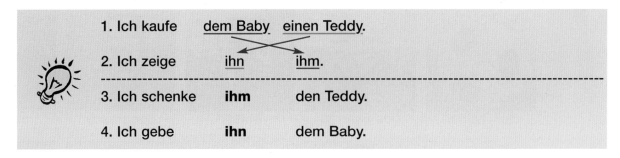

1. Ich kaufe	<u>dem Baby</u>	<u>einen Teddy.</u>
2. Ich zeige	ihn	ihm.
3. Ich schenke	**ihm**	den Teddy.
4. Ich gebe	**ihn**	dem Baby.

10 Bilde drei Sätze, forme sie um wie im Beispiel und schreib sie in dein Heft.

11 Hör zu. Drama-Lesen: Wie liest du die Sätze,
wenn du begeistert, traurig oder wütend bist?

begeistert   traurig   wütend

Gewaltig ist die Höhe der Berge.
Die Tiefe des Meeres ist unglaublich.
Die Größe des Fisches ist beeindruckend.
Die Kraft der Wellen trägt mich davon.
Das Ende des Traums ist gekommen.

12 Sucht einen Partner. Macht Dialoge.

Das habe ich gelernt:

Muss Kleidung modern sein?	Ich finde es wichtig/unwichtig, dass Kleidung modern ist.
Muss Markenkleidung teuer sein?	Ich finde es richtig/falsch, dass Markenkleidung teuer ist.
Müssen Sportschuhe aus Leder sein?	Ich finde es nötig/unnötig, dass Sportschuhe aus Leder sind.
Gehst du gern einkaufen?	Es gefällt mir/Es ärgert mich, wenn ich einkaufen gehen muss.
Hast du morgen Geburtstag?	Es stimmt/Es stimmt nicht, dass ich morgen Geburtstag habe.

Die Schlaumeier machen ein Geschenk

Wir kaufen	Herrn Schlau	einen Hut.
Wir schenken	**ihn**	ihm.
Wir bringen	**ihn**	Herrn Schlau.
Wir geben	**ihm**	den Hut in der Pause.

Herr Schlau hat Geburtstag. Wir machen ihm ein Geschenk.

Schaut mal,
die Höhe des Preises,
die Qualität des Materials,
der Ton der Farbe,
der Stil **der** Cowboyhüte
ist genau das Richtige
für unseren Schlau!

Es ist doch wirklich nicht nötig, dass ihr mir Geschenke macht.
Es ist wichtiger für mich, dass ihr an mich denkt.
Aber es stimmt, dass ich Hüte furchtbar gern trage.

Es ist wirklich nötig, dass sie dem Schlau Geschenke machen.

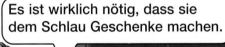

Das leistet der Baum für den Menschen

1. Von allen Pflanzen ist der Baum für den Menschen am wichtigsten.

2. Er trägt Früchte.    3. Seine Blätter geben kühlen Schatten.

4. Er schützt vor Regen.   5. Er liefert im Winter Feuerholz.

6. Er liefert Holz.   7. Er sorgt für Baumaterial.

8. Er produziert Sauerstoff.   9. Er reinigt die Luft.

10. Er hält den Lärm ab. 11. Er hält die Erde mit den Wurzeln fest.

12. Er speichert das Regenwasser.

1 Lies bitte. Ordne zu und verbinde die Sätze mit „so dass".   AB 1

E	nicht nass werden
H	weniger Luftverschmutzung und Smog haben
C	Sauerstoff für zehn Menschen erhalten
Z	genug Trinkwasser bekommen
U	den Straßenlärm nicht hören
M	Obst und Nüsse essen können
T	mit Bäumen den Boden schützen können
L	bei Kälte heizen können
W	sich vor Sonne und Hitze schützen können
S	Häuser, Schiffe, Möbel und Musikinstrumente bauen können
T	Papier herstellen können
U	Bäume schützen müssen

> Von allen Pflanzen ist der Baum für den Menschen am wichtigsten, so dass wir Bäume schützen müssen.

	1	2	3	4	5	6	7	8	9	10	11	12
Lösung:	U	?	?	?	?	?	?	?	?	?	?	?

2a

Hört das Gedicht und tragt es euch dann gegenseitig vor.

Der Baum spricht

unbekannter Dichter aus Serbien

- Gehst du mit deiner Axt zu mir hin,
- bedenke, Mensch, was ich für dich bin:
- Im Winter die Wärme an deinem Herd,
- dein Zelt, wenn der Sommer die Gräser verzehrt,
5 der Dachstuhl, auf dein Haus gesetzt,
- die Tür, durch die du gehst eben jetzt,
- der Tisch, an dem du dein Mahl einnimmst,
- die Geige, die du zum Tanze stimmst,
- ich bin für deinen Schlaf das Bett,
10 ich bin deine Scheune, Brett um Brett,
- ich bin der Mast an deinem Schiff,
- ich bin an deiner Axt der Griff –
- und gehst du mit deiner Axt zu mir hin,
- bedenke, Mensch, was ich für dich bin.

b

Findet zu den Gedichtzeilen passende Aussagen in Aufgabe 1.

> Zu Zeile 2 passt Satz 1: Von allen Pflanzen ...

3

Hör zu. Lies dann vor und ergänze dabei die fehlenden Wörter.

> AB 2

Bäume in der Stadt

Abgase • Baumdoktor • Fahrrad • kühl • Licht • Platz • Sauerstoff • Straßenlärm • verletzen • Wasser

---

1. Herr Gläser ist Gärtner und ? in Zürich.

2. Äste, die von Bäumen fallen, könnten Menschen ? .

3. Unter Bäumen ist es an heißen Tagen angenehm ? .

4. Ein Auto braucht 1700 Liter ? , um einen Liter Benzin zu verbrennen.

5. Stadtbäume schützen gegen Luftverschmutzung und ? .

6. In der Stadt sollte man nicht mit dem Auto, sondern mit dem ? fahren.

7. Die Blätter der Bäume schlucken den ? .

8. In der Stadt ist unter der Erde wenig ? für Baumwurzeln.

9. Asphalt verschließt Straßen und Plätze, so dass Bäume zu wenig ? bekommen.

10. Die vielen Häuser in der Stadt nehmen den Bäumen das ? .

Verkehrsprobleme

 4a Wie ist es bei euch? Ordnet zu und erzählt.

AB 3

1. es • (keinen) Platz für Fußgänger ...
2. Straßen • in gutem/schlechtem Zustand ...
3. (nicht) lange an der Haltestelle ...
4. Busse • (un)pünktlich ...
5. in (nicht so) vollen Bussen/Bahnen/Zügen ...
6. Fahrkarten für öffentliche Verkehrsmittel • (nicht) viel Geld ...
7. es • wenig/viel Straßenlärm ...
8. (keine) Abgase • die Luft ...
9. (nicht) viel Autoverkehr ...
10. immer/nie einen Parkplatz ...
11. (nicht) oft im Stau ...
12. es • (nicht) viele Unfälle ...
13. Autofahrer • die Geschwindigkeitsbeschränkung (nicht) ...
14. (keine) Radwege ...
15. es • mit dem Fahrrad (nicht) gefährlich ...

a) warten
b) einhalten
c) sein
d) finden
e) passieren
f) geben
g) haben
h) sein
i) stehen
j) kommen
k) kosten
l) haben
m) geben
n) verschmutzen
o) fahren

1	2	3	4	5	6	7	8	9	10	11	12	13	14	15
f	c	a	?	?	?	?	?	?	?	?	?	?	?	?

1. Es gibt bei uns ...
2. Bei uns sind die Straßen ...
3. Wir warten ...

b Was meint ihr dazu? Diskutiert in der Klasse darüber.

Keine Autos im Zentrum?

Ich finde/meine, dass ...
Ich denke/glaube, dass ...
Ich bin der Meinung, dass ...
Ich bin dagegen, dass ...
Ich bin dafür, dass ...

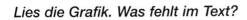

5 Lies die Grafik. Was fehlt im Text?

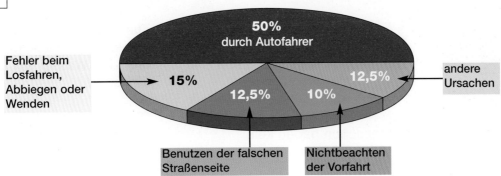

Fahrradunfälle von Kindern bis 15 Jahre

50% durch Autofahrer

Fehler beim Losfahren, Abbiegen oder Wenden — 15%

12,5%

10%

12,5% — andere Ursachen

Benutzen der falschen Straßenseite

Nichtbeachten der Vorfahrt

Bei der Grafik geht es um 1 . An der Hälfte der Fahrradunfälle von Kindern haben 2 die Schuld. 15 von 100 Kindern machen Fehler, wenn sie losfahren, 3 oder wenden. Mehr als 12 von 100 Kindern verursachen Unfälle, weil sie die falsche 4 benutzen. Ein Zehntel der jungen Radfahrer hat einen Unfall, weil sie die 5 nicht

beachten. 12,5% der Fahrradunfälle, an denen Kinder selbst Schuld haben, haben andere 6 . Für insgesamt 7 Prozent der Fahrradunfälle von Kindern sind die Kinder selbst verant-wortlich. Das heißt also, dass Radfahren für 8 zwar sehr attraktiv, aber auch sehr gefähr-lich ist.

6 Ordne zu und berichte.

AB 4, 5

1. Das Fahrrad ist ein Verkehrsmittel.
2. Fahrradunfälle von Kindern nehmen zu.
3. Kinder finden Fahrradfahren attraktiv.
4. Kinder fahren am liebsten Fahrrad.
5. Kinder fahren oft im Straßenverkehr.
6. Kinder können die Verkehrsgefahren nicht erkennen.
7. Autofahrer sehen Kinder auf Fahrrädern oft nicht.
8. Kinder bis zehn Jahre dürfen auf Gehwegen fahren.
9. Nur 37% der Kinder tragen einen Schutzhelm.
10. Nur 8% der 10- bis 15-Jährigen schützen sich mit einem Helm.

L Helme können sie gegen Verletzungen schützen.
C Unfälle im Straßenverkehr nehmen ab.
H Kinder tragen meistens helle und bunte Kleidung.
M Ältere Kinder haben die meisten Fahrradunfälle.
E Das Radfahren ist auf Gehwegen verboten.
Z Sie haben in der Schule Verkehrsunterricht.
S Es ist für Kinder ein Spielzeug.
T Sie können sich noch nicht auf den Verkehr konzentrieren.
H Das Fahren im Straßenverkehr ist gefährlich.
U Später fahren sie lieber mit dem Auto.

	1	2	3	4	5	6	7	8	9	10
Lösung:	S	?	?	?	?	?	?	?	?	?

1. Das Fahrrad ist ein Verkehrsmittel, obwohl es für Kinder ein Spielzeug ist .

Das Fahrrad ist für Kinder ein Spielzeug. Trotzdem ist es ein Verkehrsmittel.

75

7 Lies den Text und ergänze die Angaben in deinem Heft.

Wasser ist Leben

◊ Fast drei Viertel der Erde sind mit Wasser bedeckt, aber nur 3% davon sind Süßwasser und nur 0,3% Trinkwasser.

◊ Mehr als zwei Milliarden Menschen haben kein sauberes Trinkwasser.

◊ Man vermutet, dass in den Ländern der Dritten Welt täglich 5000 Kinder an Krankheiten sterben, die durch schmutziges Wasser verursacht werden.

◊ Zum Überleben muss der Mensch mindestens zwei bis drei Liter Wasser am Tag trinken.

◊ Ohne Wasser kann er höchstens drei Tage überleben.

◊ Jeder Europäer verbraucht durchschnittlich 127 Liter Trinkwasser am Tag. In einigen Ländern der Dritten Welt gibt es pro Person nur einen Eimer Wasser am Tag.

> über 2 Milliarden ...   71% der Erde ...   2 bis 3 Liter ...   höchstens 3 Tage ...
> 1 Eimer ...   0,3% ...   127 Liter ...   5000 Kinder ...   nur 3% ...

8 Lest die statistischen Angaben und erzählt.

Essen und Trinken

Wasser trinken	1 l
Tee/Kaffee	1 l
Gemüse/Obst waschen	5–10 l
Kochen	5 l

Geschirr spülen

mit der Hand spülen	20–40 l
Spülmaschine	20–30 l
Sparprogramm	15–25 l

Körperpflege

Vollbad	120–180 l
Duschen	30–90 l
Zähne putzen	0,5 l
Hände waschen	2–3 l

Haushalt

Putzen	5–7 l
Blumen gießen	2–6 l
Auto waschen	250 l
tropfender Wasserhahn	20 l/Tag

Toilette

Spülen	9 l
Spülen mit Spartaste	6 l

Wäsche waschen

Waschmaschine	60–100 l
Sparprogramm	40–80 l

Zum Duschen Beim Spülen mit der Hand Für eine Spülmaschine mit Sparprogramm ...	verbraucht braucht	man	...

9a *Welche Aussagen passen zusammen?*
Vermute, was die Zukunft bringen wird.

So sehen Umweltexperten die Zukunft unseres Planeten

1. Die Atmosphäre erwärmt sich.
2. Abgase und Umweltverschmutzung nehmen zu.
3. Der Energieverbrauch wächst.
4. Die Temperaturen steigen.
5. Das Eis am Nord- und Südpol schmilzt.
6. Der Meeresspiegel steigt.
7. Holland, London, Venedig und New York versinken im Meer.
8. Es gibt mehr als 10 Milliarden Menschen.
9. Die meisten Menschen müssen hungern.
10. Viele Tier- und Pflanzenarten sterben aus.
11. Flüsse und Seen trocknen aus.
12. Auf den Feldern kann nicht mehr genug wachsen.
13. Die Meere sind leer gefischt.
14. Die Wüsten vergrößern sich.
15. Die Urwälder verschwinden.
16. Es gibt immer mehr Unwetter.
17. Die reichen Länder werden immer reicher.
18. Die armen Länder werden immer ärmer.

● Die Atmosphäre wird sich erwärmen.
  Deshalb/Deswegen/Darum werden die Temperaturen steigen.
  Weil ⊨ sich die Atmosphäre erwärmen wird, werden die Temperaturen steigen.
  Die Atmosphäre wird sich erwärmen, ⊨so dass⊨ die Temperaturen steigen werden.
○ Die meisten Menschen werden hungern müssen. ...

b *Was meint ihr dazu? Diskutiert in der Klasse darüber.*

+	-	+/-
sicher(lich)	sicher nicht	vielleicht
natürlich	natürlich nicht	möglicherweise
bestimmt	bestimmt nicht	wahrscheinlich
auf jeden Fall	auf keinen Fall	wohl

Ich meine/glaube/denke, dass ...
Ich bin der Meinung, dass ...
Ich vermute, dass ...
Ich nehme an, dass ...
Ich fürchte, dass ...
Ich hoffe, dass ...
Ich würde mir wünschen, dass ...

● Ich bin der Meinung, dass sich die Atmosphäre bestimmt erwärmen wird.
○ Ich vermute, dass sich die Atmosphäre wohl erwärmen wird.
● Ich hoffe, dass sich die Atmosphäre auf keinen Fall erwärmen wird.

c *Was können wir tun? Sammelt Umwelttipps.*

(Wir sollten weniger Energie verbrauchen.)   (Wir sollten mehr Fahrrad fahren.)

Futur I
werden + Infinitiv: er wird arbeiten
er wird arbeiten müssen

Aber man braucht auch oft
Präsens für Zukünftiges:
Ich gehe morgen ins Kino.

---

 10 *Vermuten, versprechen: Bilde jeweils vier Sätze und schreib sie in dein Heft.*

Dazu braucht man das Futur I:

1. <u>etwas vermuten, hoffen:</u> Ihr werdet bestimmt schönes Wetter haben.

2. <u>etwas versprechen, planen, sicher wissen:</u> Ich werde auf euch warten.

 11a *Hört die Wörter. Lest sie euch dann gegenseitig vor.*

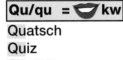**Qu/qu = kw**	**X/x = ks**	**chs = ks**
Quatsch	Hexe	Lachs
Quiz	Taxi	sechs
Qualität	mixen	wachsen
Aquarium	faxen	Erwachsener
quietschen	boxen	Fuchs
bequem	Text	wechseln
Quittung	Lexikon	Büchse

 b *Sprich die Zungenbrecher so schnell du kannst.*

1. Sechs Lachse wachsen im Aquarium.
2. Boxer Rex boxt sechs Erwachsene.
3. Max faxt den Text mit sechs Quittungen.
4. Hexen hexen wachsende Füchse ins Taxi.
5. Der Text im Lexikon wird in der Büchse gemixt.
6. Felix und Max quietschen beim Quiz in Mexiko.

 12 *Sucht einen Partner. Macht Dialoge.*

Das habe ich gelernt:

Was tust du für die Umwelt?	Ich fahre Fahrrad, so dass keine Abgase entstehen.
Wie wichtig ist dir der Umweltschutz?	Er ist mir so wichtig, dass ich anderen oft Umwelttipps gebe.
Ist er mitgekommen?	Nein, er ist nicht mitgekommen, obwohl er Zeit hatte.
Hatte er wirklich Zeit?	Ja. Trotzdem ist er nicht mitgekommen.
Fahrt ihr im Sommer nach Ungarn?	Na klar, wir werden bestimmt nach Ungarn fahren.
	Ich weiß nicht. Wir werden vielleicht nach Italien fahren.

Die Schlaumeier beim Wasserschutz

Tempo

Wie denkt ihr über Noten?

Alexandra, 13 Jahre
Meine Eltern finden gute Noten wichtig für meine Zukunft. Ich wäre aber froh, wenn es keine Noten geben würde. Dann hätte ich weniger Druck und könnte viel leichter lernen.

Tayfun, 14 Jahre
Ich finde Zeugnisse zwar auch unangenehm, aber sie sind nun mal wichtig. Noten sagen einem, wie man steht und für welches Fach man sich mehr anstrengen muss. Noten sagen einem aber nicht, wie intelligent man ist.

Serap, 13 Jahre
Meine Eltern belohnen mich für gute Noten und bestrafen mich für schlechte Noten. Das finde ich blöd. Man ärgert sich selbst doch schon genug über schlechte Noten!

Max, 12 Jahre
Wenn ich schlechte Noten habe, dann wiederholt meine Mutter mit mir den Stoff. Das kann ich zwar nicht leiden, aber danach werden meine Leistungen doch meistens besser.

Tatjana, 14 Jahre
Meine Eltern wollen, dass ich im Leben mehr erreiche als sie. Deshalb soll ich auch gute Noten nach Hause bringen. Wegen schlechter Noten schimpfen sie nicht mit mir. Sie wissen, dass ich mich beim nächsten Mal mehr anstrenge.

Denise, 15 Jahre
Ich finde, Noten sagen nichts über den Wert eines Menschen. Noten geben doch nur Auskunft über das, was man weiß oder nicht weiß. Im Beruf braucht man später auch noch andere Fähigkeiten als nur gute Noten.

1a *Lies die Meinungen der Schüler und ergänze die Sätze.* > AB 1 >

1. Alexandra findet Noten nicht gut, obwohl ...
2. Für Tayfun sind Zeugnisse wichtig. Trotzdem ...
3. Max wiederholt mit seiner Mutter den Stoff, so dass ...
4. Serap ärgert sich sehr, wenn ...
5. Tatjana soll gute Noten bekommen, damit ...
6. Denise ist überzeugt, dass ...
7. Alexandra möchte keine Noten, weil ...
8. Tayfun braucht Noten, denn ...
9. Tatjanas Eltern schimpfen nicht mit ihr, wenn ...
10. Max kann es nicht leiden, wenn ...

| sehr gut | gut | befriedigend | ausreichend | mangelhaft | ungenügend |

b *Pro oder kontra Noten: Was meinst du? Diskutiert in der Klasse darüber.*

pro	kontra
Ich finde es richtig, wenn ... Ich bin für Noten, weil ... Ich stimme Tayfun/... zu. Ich finde auch, dass ... Ich glaube, dass ... Es stimmt, dass ...	Ich finde es falsch, wenn ... Ich bin gegen Noten, weil ... Ich stimme Alexandra/... zu. Ich finde auch, dass ... Ich glaube, dass ... Es stimmt, dass ...

2 *Wie könnte man Anna helfen? Macht Vorschläge.*

AB 2, 3 >

Zeugnis

Anna Graf
Vorname Name

geboren am **25.03.1993** in **Berlin**

Klasse **7**   Schuljahr **2005/06**   *1.* Schulhalbjahr

Leistungen

Deutsch	**4**	Gesellschaftswissenschaften
Englisch	**5**	Geografie **3**
1. Fremdsprache		Geschichte **4**
Mathematik	**4**	Politische Bildung **5**
Naturwissenschaften		Lebensgestaltung-Ethik-Religionskunde **3**
Biologie	**3**	Musik **3**
Chemie	**4**	Kunst **2**
Physik	**4**	Sport **2**
Wirtschaft-Arbeit-Technik	**3**	
Französisch	**4**	
Wahlpflichtbereich		Religionsunterricht (evangelisch/katholisch)[1]

Bemerkungen
Annas Versetzung ist gefährdet.

Entscheidung zur Versetzung

Versäumnisse
Tage **23**   davon unentschuldigt **3**   Einzelstunden **5**   davon unentschuldigt **5**

Erkner, 27.01.06
Ort, Datum

Michel
Klassenlehrerin / Klassenlehrer

Härtel
Schulleiterin / Schulleiter

Kenntnisnahme der Eltern

[1] Der Religionsunterricht wurde in Verantwortung der Evangelischen/Katholischen Kirche erteilt.

1. ihr Mut machen
2. sie nicht bestrafen
3. ihr die Angst nehmen
4. ihr zuhören
5. ihr Hilfe anbieten
6. ihr Lerntipps geben
7. ihr Nachhilfe geben
8. ihr bei den Hausaufgaben helfen
9. sie auch mal loben
10. sie nicht auslachen
11. mit ihren Eltern/Lehrern sprechen
12. nicht zu viel von ihr erwarten
13. sie nicht ablehnen
14. sie nicht ausschließen
15. ihre Lerntechniken verbessern
16. nicht über schlechte Noten schimpfen

Jemand/Einer/Man müsste/sollte ihr Mut machen.

Niemand/Keiner sollte sie bestrafen.

Ihre Eltern/Mitschüler/Lehrer sollten ...

3a *Schau das Bild an. Lies dann die Fragen und wähle die richtige Antwort aus.*

"ZUM ZIELE EINER GERECHTEN AUSLESE LAUTET DIE PRÜFUNGS-AUFGABE FÜR SIE ALLE GLEICH: KLETTERN SIE AUF DEN BAUM!"

1. Was zeigt das Bild?
a) Einen Besuch im Zoo.
b) Eine Prüfung.
c) Eine Filmproduktion.

2. Wer sind die Schüler?
a) Tiere.
b) Bäume.
c) Ein Mensch.

3. In welcher Reihenfolge stehen die Tiere?
a) Der Papagei, der Elefant, der Fisch, der Affe,
   der Storch, die Robbe, der Hund.
b) Der Papagei, der Affe, der Storch, der Fisch,
   der Elefant, die Robbe, der Hund.
c) Der Papagei, der Affe, der Storch, der Elefant,
   der Fisch, die Robbe, der Hund.

4. Was sollen die Schüler machen?
a) Alle sollen auf den Baum steigen.
b) Alle sollen auf den Berg klettern.
c) Alle sollen auf den Baum fliegen.

5. Können alle Schüler die Aufgabe lösen?
a) Ja, jeder.
b) Nein, keiner.
c) Nein, nur einer.

6. Welche Überschrift passt?
a) Eine faire Prüfung!
b) Gleiche Chancen für alle?
c) Das können alle!

b *Wie ist es, eine Prüfung zu machen? Erzählt bitte.*

AB 4–6

Es ist	für jeden	leicht/einfach,	eine Prüfung zu machen.
	für alle	normal,	eine Prüfung zu bestehen.
	für einen	schwer,	Prüfungsaufgaben zu lösen.
	für keinen	anstrengend,	sich auf eine Prüfung vorzubereiten.
	für niemanden	unangenehm,	Prüfungsangst zu haben.

4 *Lest die Grafik. Sucht einen Partner und fragt euch gegenseitig.*

AB 7, 8

Schulabschlüsse an staatlichen Schulen in Deutschland

von 100 Jugendlichen hatten im Jahr 2000

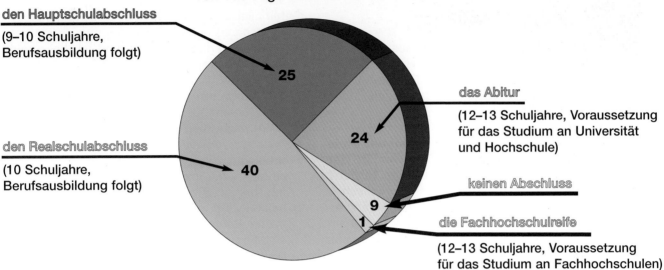

den Hauptschulabschluss
(9–10 Schuljahre, Berufsausbildung folgt) — 25

das Abitur
(12–13 Schuljahre, Voraussetzung für das Studium an Universität und Hochschule) — 24

den Realschulabschluss
(10 Schuljahre, Berufsausbildung folgt) — 40

keinen Abschluss — 9

die Fachhochschulreife
(12–13 Schuljahre, Voraussetzung für das Studium an Fachhochschulen) — 1

1. Wie viel Prozent der Jugendlichen machen den Hauptschulabschluss/...?
2. Wie viele Schuljahre braucht man für den Hauptschulabschluss/...?
3. In Deutschland kommt man in der Regel mit sechs Jahren in die Schule. Wie alt ist man, wenn man den Hauptschulabschluss/... macht?
4. Wie viel Prozent der Jugendlichen haben keinen Schulabschluss?
5. Welchen Schulabschluss braucht man, um zu studieren?
6. Was machen die Schüler in der Regel nach dem Haupt- oder Realschulabschluss?
7. Wann kommt man in deiner Heimat in die Schule?
8. Wie viele Schuljahre braucht man in deiner Heimat für das Abitur?

5 *Hör zu. Was ist richtig? Was ist falsch?*

Sollen Lehrer Zeugnisse bekommen?

	R	F
1. Timo meint, dass Lehrer Zeugnisse bekommen sollen.	?	?
2. Timos Lehrer kann gut Matheaufgaben erklären.	?	?
3. Timos Lehrer gibt sich im Matheunterricht keine Mühe.	?	?
4. Jana hat die gleiche Meinung wie Timo.	?	?
5. Jana findet, dass Lehrer einen schweren Beruf haben.	?	?
6. Janas Lehrerin bekommt einmal im Jahr ein Zeugnis von der Klasse.	?	?
7. Janas Lehrerin bekommt nicht nur gute Noten.	?	?
8. Sofia findet Zeugnisse für Lehrer nicht nötig.	?	?
9. In Sofias Schule gehen die Lehrer zu den Klassensprechern.	?	?
10. Sofias Lehrer bekommen Ratschläge von den Schülern.	?	?

6a *Lies das Interview. Ordne Bilges Ratschlägen die passenden Textzeilen zu.*

DIE ZEIT

Gefragt

Bilge Buz, 17, aus Berlin hat kürzlich mit einem Notenschnitt von 1,2 Abitur gemacht – da war sie noch 16 Jahre alt

- **Sie haben drei Klassen übersprungen. Viele**
- **Einwandererkinder tun sich schwer in der**
- **Schule. Können sie etwas von Ihnen lernen?**
- Die sollen sich nicht einigeln in ihren türkischen
- 5 oder arabischen Cliquen. Ich hatte von Anfang an
- Freunde mit ganz unterschiedlichen Nationali
- täten. Es gibt Ausländer, die kommen nie raus aus
- ihren Stadtteilen, und viele Deutsche gehen da nie
- rein. Das führt zu gegenseitigen Vorurteilen. Und
- 10 Deutsch lernen die Ausländer so auch nicht.
- **Sie sind mit acht aus der Türkei gekommen,**
- **da sprachen Sie kein Wort Deutsch. Wie war**
- **das?**
- Anfangs sehr belastend. Ich wusste gar nicht, was
- 15 die alle von mir wollten. Allein in Mathe habe ich
- mich wohl gefühlt. Bis zum Ende des Halbjahres
- war mein Deutsch dann so gut, dass ich in die
- 4. Klasse hochgestuft wurde, und am Ende des
- Schuljahres war ich Klassenbeste und hatte eine
- 20 Eins in Rechtschreibung. Das hat schon gut
- getan.

- **Wie haben Sie das gemacht?**
- Mir blieb doch gar nichts anderes übrig, als die
- Sprache zu lernen. Einkaufen musste man auf
- 25 Deutsch, fernsehen auch, und ich habe ganz
- viele Bücher gelesen. Lesen war das
- Wichtigste.
- **Sie haben aber auch einen IQ von 168 ...**
- Das ist nicht nur eine Frage der Intelligenz. Vor
- 30 allem muss man im Unterricht aufpassen. Die
- meisten Schüler haben Konzentrations
- probleme. Klar, Selbstdisziplin ist nicht immer
- einfach. Aber man kann sie trainieren. Ich habe
- mir immer Ziele gesetzt und mich später
- 35 belohnt. So nach der Art: Jetzt mache ich
- meine Deutsch-Hausaufgaben, dann rufe ich
- eine Freundin an. Aber nur dann.
- **Was halten Sie von Hochbegabtenförde**
- **rung?**
- 40 Man sollte sie nicht übertreiben. Die meisten
- Ausländer sitzen in Real- und Hauptschulen
- und sind frustriert. Da sollte man ansetzen. Was
- nützt es, wenn man eine toll ausgebildete Elite
- hat und eine Masse ohne Chance auf Bildung?
- 45 **Was sind Ihre Pläne für die Zukunft?**
- Ich möchte Diplomatin werden und eine Art
- Brückenfunktion übernehmen. Erst war ich
- unsicher, ob ich dafür besser Politik oder Jura
- studieren soll. Aber ich glaube, Jura passt
- 50 besser zu mir und meinen Zielen.

8. sich nach der Arbeit belohnen: Zeile ?

1. nicht nur in der eigenen Gruppe bleiben: Zeile ?

2. überall Freunde suchen: Zeile ?

7. richtiges Arbeiten trainieren: Zeile ?

Das rät Bilge ihren ausländischen Mitschülern:

3. keine Vorurteile haben: Zeile ?

6. sich im Unterricht konzentrieren: Zeile ?

5. viel Deutsch sprechen, hören und lesen: Zeile ?

4. den Mut nicht verlieren, denn Erfolg tut gut: Zeile ?

b *Was weißt du über Bilge? Erzähle.*

1. Name: ?   3. Herkunft: ?   5. Schulerfolge: ?   7. Berufswunsch/
2. Alter: ?   4. Wohnort: ?   6. Schulabschluss: ?   Zukunftspläne: ?

Kreativität in die Schule
Ein Schulprojekt in Berlin-Kreuzberg

Die Ferdinand-Freiligrath-Oberschule in Berlin besuchen zu etwa 70% Schüler nichtdeutscher Herkunft. An der Schule leben und arbeiten Schülerinnen und Schüler aus 18 Ländern. Sie lernen nicht nur von ihren Lehrerinnen und Lehrern. Einen Teil des Unterrichts übernehmen Experten aus verschiedenen Berufen wie Techniker, Maler, Musiker, Sportler, Theaterleute, Computerfachleute, Handwerker, ...
Dieses Schulprojekt ist eine Idee der Schulleiterin Hildburg Kagerer. Die Idee des Schulprojekts besteht darin, Berufswelt und Praxis in der Schule zu verbinden und die Schüler besser auf das Leben als Erwachsene vorzubereiten.

Gemeinsam mit einem Leistungssportler trainieren die Schüler Sprünge auf dem Trampolin. Sie lernen auch die Theorie, z.B. die Sprungtechnik.

Die Schüler bauen gemeinsam mit einem Gärtner eine Kräuterspirale. Hier sollen die Kräuter wachsen, die die Schüler und Lehrer in der Schulkantine für das Essen brauchen.

Gemeinsam mit einer Künstlerin stellen die Schüler eine Sitzbank aus Stein für den Schulhof her. Andere Kunstwerke, z.B. eine Eule oder andere Sachen aus Stein stellen sie zusammen in einer Kunst-Galerie aus.

---

7 *Wie ist das an der Ferdinand-Freiligrath-Oberschule?*
Lies den Text und berichte.

AB 9, 10

füreinander
miteinander
umeinander
voneinander

ausländische Schüler

Schüler

Lehrer

Experten

Berufswelt

1. lernen (von)
2. die Schule besuchen (mit)
3. arbeiten (mit)
4. eine Kräuterspirale bauen (mit)
5. in der Schulkantine kochen (mit)
6. eine Steinbank herstellen (mit)
7. ihre Kunstwerke ausstellen (mit)
8. auf dem Trampolin trainieren (mit)
9. sich kümmern (um)
10. sich interessieren (für)
11. Sachen ausprobieren (mit)
12. sich verbinden (mit)

deutsche Schüler

Schüler

Lehrer

ein Gärtner

eine Künstlerin

ein Sportler

Experten

Praxis in der Schule

Schüler lernen von Lehrern. Lehrer lernen von Schülern. Schüler und Lehrer lernen voneinander .

Satzmodelle

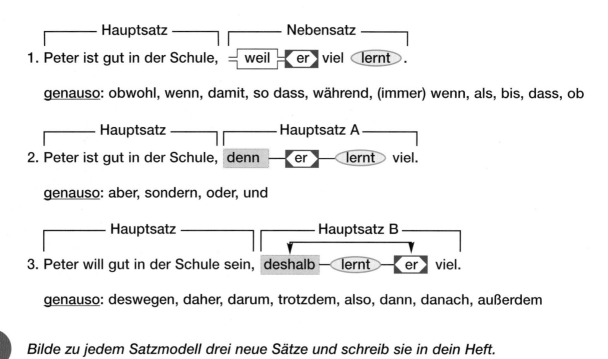

```
        ┌──────── Hauptsatz ────────┐  ┌──────── Nebensatz ────────┐
1. Peter ist gut in der Schule,   ═│ weil │═◂ er ▸ viel ⟨ lernt ⟩ .
```

genauso: obwohl, wenn, damit, so dass, während, (immer) wenn, als, bis, dass, ob

```
        ┌──────── Hauptsatz ────────┐  ┌──────── Hauptsatz A ────────┐
2. Peter ist gut in der Schule,  │ denn │── ◂ er ▸ ── ⟨ lernt ⟩ viel.
```

genauso: aber, sondern, oder, und

```
        ┌──────── Hauptsatz ────────┐  ┌──────── Hauptsatz B ────────┐
3. Peter will gut in der Schule sein, │ deshalb │── ⟨ lernt ⟩ ── ◂ er ▸ viel.
```

genauso: deswegen, daher, darum, trotzdem, also, dann, danach, außerdem

8 Bilde zu jedem Satzmodell drei neue Sätze und schreib sie in dein Heft.

9 Hört die Sätze. Lest sie euch dann gegenseitig vor und macht eigene Sätze.

Wir haben Pizza gegessen.
Wir haben Pizza und Salat gegessen.
Wir haben Pizza und Salat im Café gegessen.
Wir haben Pizza und Salat im Café „Mozart" gegessen.
Wir haben Pizza und Salat im Café „Mozart" am See gegessen.

10 Sucht einen Partner. Macht Dialoge.

Das habe ich gelernt:

Hat dir keiner geholfen?	Doch, mir hat einer/jemand geholfen.
	Nein, mir hat keiner/niemand geholfen.
Hat ihm jemand Mut gemacht?	Ja, der Lehrer hat ihm Mut gemacht.
	Nein, keiner/niemand hat ihm Mut gemacht.
Kannst du jemandem Hilfe anbieten?	Ja, ich kann meiner Mutter Hilfe anbieten.
	Nein, ich kann keinem/niemandem Hilfe anbieten.
Wer hat ihnen zugehört?	Keiner/Niemand.
	Jeder hat/Alle haben ihnen zugehört.
Ist das schwierig?	Das ist für jeden/alle/keinen/niemanden schwierig.
Wie läuft das Schulprojekt?	Gut. Sie lernen voneinander. Sie arbeiten miteinander.
	Sie kümmern sich umeinander.

Die Schlaumeier halten zueinander

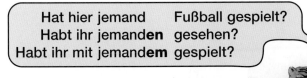

Hat hier jemand Fußball gespielt?
Habt ihr jemand**en** gesehen?
Habt ihr mit jemand**em** gespielt?

Hier hat niemand gespielt.
Wir haben niemand**en** gesehen.
Wir haben mit niemand**em** gespielt.

Doch, ein**er** hat hier gespielt.
Ich habe ein**en** gesehen.
Ihr habt mit ein**em** gespielt.

Quatsch, alle lügen hier.
Ich werde alle bestrafen.
Ich gebe all**en** eine Strafarbeit.

Nein, kein**er** war hier.
Ich habe kein**en** gesehen.
Wir haben mit kein**em** gespielt.

Siehst du, Bello,
wir halten alle zueinander!

Hier ist jed**er** auf deiner Seite.
Auf jed**en** kannst du bauen.
Du kannst jed**em** vertrauen.

Gegeneinander ist doch Quark!
Miteinander macht uns stark!

Pia Jacobs

1. **Alter:** 13 Jahre
2. **Größe:** 1,60 m
3. **Haarfarbe:** braun
4. **Interessen:** Judo, Trompete
5. **Geschwister:** Bruder Max, 11 Jahre
6. **Schule:** Gymnasium
7. **Klasse:** 7. Klasse
8. **Lieblingsfächer:** Sport, Englisch, Biologie
9. **Hassfächer:** keine
10. **Unterrichtsstunden:** 30 Stunden wöchentlich
11. **Unterrichtsdauer:** von 7.45 bis 12.45 Uhr
12. **Klassenstärke:** 23 Schüler
13. **Zeit für Hausaufgaben:** durchschnittlich 2 Std. am Tag
14. **Schulweg:** 15 Min. mit dem Bus und 2 Min. zu Fuß
15. **Lektüre:** Jugend- und Kriminalromane
16. **Lieblingsessen:** Pommes und Hähnchen
17. **Fernsehen:** meistens nur am Wochenende
18. **Schlafenszeit:** 20.45 Uhr, dann 1 Stunde lesen

Tobias Fischer

1. **Alter:** 14 Jahre
2. **Größe:** 1,72 m
3. **Haarfarbe:** dunkelbraun
4. **Interessen:** Computer, Fußball
5. **Geschwister:** Schwester Hanna, 12 Jahre, Schwester Carla, 15 Jahre
6. **Schule:** Realschule
7. **Klasse:** 8. Klasse
8. **Lieblingsfächer:** Mathematik, Geschichte
9. **Hassfächer:** Englisch, Kunst
10. **Unterrichtsstunden:** 30 Stunden wöchentlich
11. **Unterrichtsdauer:** von 7.50 bis 13.10 Uhr
12. **Klassenstärke:** 27 Schüler
13. **Zeit für Hausaufgaben:** bis zu 90 Min. am Tag
14. **Schulweg:** 10 Min. mit dem Fahrrad bei jedem Wetter
15. **Lektüre:** Comics (Mangas), Fantasy-Romane
16. **Lieblingsessen:** Nudeln mit Tomatensoße
17. **Fernsehen:** bis zu 2,5 Std. täglich
18. **Schlafenszeit:** zwischen 21.30 und 22 Uhr

1a *Sucht einen Partner und fragt euch gegenseitig.* ▷ **AB 1** ▷

Wie alt	fährt sie/er zur Schule?
Wie groß	braucht sie/er für den Schulweg?
Welche Haarfarbe	hat sie/er?
Welche Interessen	besucht sie/er?
Wie viele Geschwister	hat sie/er pro Woche?
Welche Schule	sind in ihrer/seiner Klasse?
In welche Klasse	ist sie/er?
Was für Lieblingsfächer	mag sie/er gar nicht?
Welches Fach	macht sie/er täglich Hausaufgaben?
Wie viele Unterrichtsstunden	dauert der Unterricht täglich?
Wie viele Schüler	liest sie/er am liebsten?
Wie lange	geht sie/er?
Womit	sieht sie/er fern?
Wann	geht sie/er ins Bett?
Was	isst sie/er am liebsten?

● Wie alt ist Pia?

○ Sie ist 13 Jahre alt. In welche Klasse geht Tobias?

● Er geht in die achte Klasse.

b *Personenraten: Macht ein Interview mit eurem Partner.
Hängt alle Interviews ohne Namen auf und erratet die Personen.*

Unsere Clique

Barbara

Sie hilft gern. Man kann sich auf sie verlassen. Sie organisiert oft Partys und übernimmt gern Verantwortung.

Eva

Sie hat viel Fantasie und malt gern. Sie ist meistens fröhlich, lacht viel und macht gern Späße.

Stefan

Er arbeitet viel für die Schule, weiß und kann fast alles. Erfolg in der Schule ist für ihn besonders wichtig.

Lena

Sie redet nicht viel, und was sie sagt, hat sie gut überlegt. Sie sagt immer die Wahrheit.

Sven

Er hat viele Hobbys. Er treibt viel Sport. Er ist ständig unterwegs, kommt aber nie zu spät.

2 *Was sind ihre besonderen Eigenschaften? Erzähle bitte.*

> AB 2, 3

Barbara Eva Stefan Lena Sven	ist	der das die	fröhlich**ste** aktiv**ste** **beste** ehrlich**ste** pünktlich**ste** hilfsbereit**este** sportlich**ste** fleißig**ste** verantwortungsvoll**ste** kreativ**ste** zuverlässig**ste**	Schüler Junge Mädchen Schülerin	der Clique.
				Freund. Freundin.	

Barbara ist das hilfsbereiteste Mädchen der Clique.
Barbara ist die hilfsbereiteste Freundin.

3 *Welche Eigenschaften soll dein Freund/deine Freundin (nicht) haben? Macht eine Umfrage in der Klasse.*

> AB 4

> Mir sind Leute sympathisch, die ehrlich sind. Unehrliche Typen sind mir unsympathisch.

ehrlich • freundlich • tolerant
zuverlässig • rücksichtsvoll
großzügig • verständnisvoll
treu • verschwiegen • interessant

> Ich mag Menschen, die ehrlich sind. Unehrliche Leute kann ich nicht leiden.

unehrlich • unfreundlich • intolerant
unzuverlässig • rücksichtslos
egoistisch • verständnislos
untreu • schwatzhaft • langweilig

Tempo

Sorgenbrief an Tempo

Ich gehöre nicht dazu!

Liebe Tempo-Redaktion,

ich bin so unglücklich! Und ich habe niemanden, mit dem ich darüber reden könnte. Mein Problem ist, dass ich in meiner Klasse immer mehr zur Außenseiterin werde. Ich werde von den anderen ausgeschlossen, ich gehöre einfach nicht dazu. Die meisten Mitschüler ärgern mich oder machen sich lustig über mich. Besonders die „coolste" Clique in meiner Klasse lässt mich nicht in Ruhe. Keiner will neben mir sitzen, in der Pause bin ich immer allein. Alle lehnen mich ab. Meine Lehrer merken nichts davon und können mir deswegen auch nicht helfen. Ich weiß nicht mehr weiter. Was soll ich bloß tun?

Eure traurige Mara

4a *Warum ist Mara Außenseiterin? Vermutet.* AB 5

wegen ...

des Verhaltens:	• sie ist egoistisch
	• sie hilft den anderen nie
der Kleidung:	• sie zieht sich komisch an
	• sie trägt nur schwarze Sachen
des Aussehens:	• sie schminkt sich zu stark
der Haare:	• sie färbt sich ihre Haare
	• sie wäscht die Haare nicht
der Leistungen:	• sie ist faul
	• sie ist eine Streberin
der Stimme:	• sie spricht komisch
des Charakters:	• sie ist sehr unfreundlich
	• sie lacht nie
	• sie weiß alles besser
des Bruders:	• er schlägt die anderen

Vielleicht ist Mara Außenseiterin wegen ihres Verhaltens, weil sie egoistisch ist oder weil sie ...

Vielleicht ist Mara Außenseiterin wegen ihrer Kleidung, weil ... oder weil ...

90

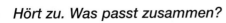

b   *Hört zu. Was passt zusammen?*

1. Der Lehrer leitet das Gespräch,	**L** sich an die drei Regeln zu halten.
2. Die erste Regel für das Gespräch heißt,	**T** weil sie nur an sich selbst denkt.
3. Die zweite Regel heißt,	**E** und der schlägt dann ihre Mitschüler.
4. Man muss höflich miteinander reden,	**K** das die beiden Seiten miteinander führen.
5. Beide Parteien müssen bereit sein,	**I** dass sie von den Mitschülern abgelehnt wird.
6. Mara beschwert sich darüber,	**O** dass jeder Teilnehmer zu Ende reden darf.
7. Mara ist der Meinung,	**N** man muss wiederholen, was der andere gesagt hat.
8. Lena hält Mara für egoistisch,	**F** heißt die dritte Regel.
9. Bei Problemen holt Mara ihren Bruder	**K** die Clique ist an allem schuld.

	1	2	3	4	5	6	7	8	9
Lösung:	K	?	?	?	?	?	?	?	?

c   *Wie sollten sie das Problem lösen? Gebt ihnen Ratschläge.*   ⟩ AB 6, 7 ⟩

trotz ...

des Streites
des Ärgers
des Konfliktes
des Problems
der Schwierigkeiten
der Wut

- beim Aufräumen helfen
- ihre Hilfe anbieten
- mit den anderen sprechen
- Probleme ohne den Bruder lösen
- nicht immer zu den Lehrern rennen
- bei Klassenfesten mithelfen
- freundlicher sein
- Mara nicht ausschließen
- nicht nur an sich selbst denken
- sich für die anderen interessieren
- Mara um Hilfe bitten
- sich über Mara nicht lustig machen
- Mara nicht ärgern
- mit ihr sprechen
- Mara in der Pause nicht allein lassen

obwohl ...

sie sich gestritten haben
sie sich gegenseitig geärgert
  haben
sie sich gegenseitig angreifen
Mara sich falsch verhält
die Clique Mara ablehnt
sie sich nicht gut miteinander
  verstehen
sie böse aufeinander sind

Mara sollte trotz des Streites beim Aufräumen helfen.
Mara sollte beim Aufräumen helfen, obwohl sie sich gestritten haben.

Die Clique sollte trotz des Streites ihre Hilfe anbieten.
Die Clique sollte ihre Hilfe anbieten, obwohl sie sich gestritten haben.

In Deutschland benutzt man Messer und Gabel

Kaile Hu berichtet, wie er sein Austauschjahr bei Familie Eder in München erlebt

- Ich heiße Kaile Hu. Ich komme aus China. Im
- Moment wohne ich bei Familie Eder in München.
- Seit ich vor fast einem Jahr nach Deutschland
- gekommen bin, habe ich bei meiner Gastfamilie
5 schon viel Deutsch gelernt. Wir gehen oft ins
- Kino, wir besichtigen Schlösser
- und Kirchen und sie erzählen mir Geschich-
- ten darüber. Ich wusste bisher nicht, wie groß
- die Schlösser sind, wie die Leute früher dort
10 lebten oder was der Unterschied zwischen
- katholisch und evangelisch ist. Ich lerne viel
- über die deutsche Kultur, aber auch etwas über
- die Kulturen der anderen Gastschüler. Deut-
- sches Essen ist ganz anders als chinesisches.
15 Es gibt hier viel Brot, Butter, Käse, Salat,
- Marmelade und so weiter. Bis ich nach Deutsch-
- land kam, dachte ich immer, dass das Brot in
- Deutschland süß ist. Das chinesische Essen ist
- fast immer warm. Aber ich habe mich jetzt an
20 das deutsche Essen gewöhnt. In Deutschland
- benutzt man Messer und Gabel.
- Deswegen ist es für Deutsche etwas schwer,
- mit Stäbchen zu essen. Meinem Gast-
- vater habe ich beigebracht, wie man Stäbchen
25 benutzt. Er ist nämlich Bauingenieur und
- arbeitet oft in China. Er interessiert sich auch
- sehr für die chinesische Kultur und ich erzähle
- ihm viel darüber. In der Schule sind alle sehr
- nett und höflich zu mir. Das deutsche Schul-
30 system ist anders als in China. Die deutsche
- Schule kommt mir leichter vor. Mein Gastbru-
- der Christian und ich sind im Gymnasium in
- der gleichen Klasse. Wir verstehen uns sehr
- gut und machen viel zusammen, z.B. Hausauf-
35 gaben, Spiele zum Deutschlernen, Sport
- oder Schwimmen. Seit ich in Christians
- Klasse gehe, habe ich viele deutsche Freunde
- gefunden. Auch mit anderen Schülern an der
- Schule habe ich Freundschaft geschlossen.
40 Manchmal gehe ich mit meinen Freunden zu
- einer Party. Wir tanzen, unterhalten uns,
- essen leckere Pizza und trinken
- Cola. Ich finde, dass meine deutschen
- Freunde sehr selbstständig sind und viele
45 Fähigkeiten haben. Obwohl die Schüler zu
- Hause nicht so viel lernen wie wir in China,
- bringen sie gute Leistungen in der Schule. Die
- Lehrer sind nicht so streng zu den Schülern,
- sie sind eher wie Freunde. Die Deutschen sind
50 auch sehr pünktlich und hilfsbereit, das hat
- mich tief beeindruckt. Wenn man jemanden
- besuchen will, dann muss man vorher einen
- Termin machen. Das ist ganz anders als bei
- uns. Das Wetter ist so kalt in Deutschland,
55 aber der Schnee ist fantastisch.
- Schnee ist das Schönste, was ich je gesehen
- habe. Auch die Landschaft
- gefällt mir gut, die Luft ist sauber und es

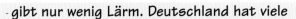

gibt nur wenig Lärm. Deutschland hat viele

60 Parks und Wälder . Die Deutschen

interessieren sich für China. Ich habe meiner

Gastfamilie etwas Chinesisch beigebracht und

ihre Namen ins Chinesische übersetzt. Das

war sehr lustig. Ich lerne jeden Tag ein biss-

65 chen mehr Deutsch. Meine Gastfamilie, meine

Freunde und meine Lehrer helfen mir dabei. Ich

freue mich, dass ich nicht nur die deutsche

Sprache gelernt habe, sondern auch viel über

die deutsche Kultur. Meine Freunde in China

70 sind sehr neugierig und wollen alles über

Deutschland wissen. Ich kann ihnen viel

erzählen, wenn ich nach China zurückgehe. Ich

hoffe, dass in Zukunft mehr deutsche und

chinesische Schüler am Schüleraustausch

75 teilnehmen, damit mehr Freundschaften

entstehen.

Kaile Hu

5a *Schüleraustausch: Lies Kailes Bericht und fasse zusammen.*

1. Wetter?
2. Kleidung?
3. Landschaft?
4. Gastfamilie?
5. Lehrer?
6. Unterricht?
7. Essen?
8. Wohnort?
9. Die Deutschen?
10. Feiern?
11. Kontakte?
12. Schule?
13. Alter?
14. Sprache?
15. Sehenswürdigkeiten?
16. Besuche?
17. Die Reise nach Deutschland?
18. Heimweh?

1. Zum Thema Wetter berichtet/meint/schreibt Kaile, dass ...
2. Zum Thema Kleidung berichtet/erzählt/schreibt Kaile nichts.
...

b *Erzähle von Kailes Austauschjahr.*

AB 8, 9

Bis Seit Während	Kaile in Deutschland war,	weiß er, wie groß Schlösser sind. besuchte er ein Gymnasium in München. schloss er viele Freundschaften. wusste er nichts über deutsches Essen. spricht er sehr gut Deutsch. wohnte er bei einer Gastfamilie. glaubte er, dass deutsches Brot süß ist. kennt er Schnee. hat er nur mit Stäbchen gegessen.

Seit Kaile in Deutschland war, weiß er, wie groß Schlösser sind.

6 *Was passt zusammen?*

1. ... brauche ich Ruhe.
2. ... ist Mathe mein Lieblingsfach.
3. ... darf ich in Deutschland nicht Auto fahren.

4. ... höre ich keine Musik.
5. ... benutze ich den Schulbus.
6. ... muss ich um 22 Uhr zu Hause sein.

A Seit ich zur Schule (gehe), ...
B Bis ich 18 Jahre alt (werde), ...
C Während ich Hausaufgaben (mache), ...

1	2	3	4	5	6
?	?	?	?	?	?

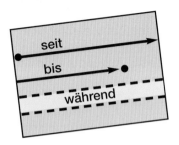

seit
bis
während

---

7 *Hört zu. Lest dann mit verteilten Rollen und macht eigene Dialoge.*

1. Gehst du morgen mit ins Kino?
☺ Ja, gern. Tolle Idee!
☹ Ja, schon gut. Wann denn?

4. Entschuldigung, fährt der Bus zum Zoo?
☺ ?
☹ ?

2. Kommst du heute mit zum Schwimmen?
☺ Tut mir leid. Ich kann leider nicht.
☹ Nein, ich habe keine Zeit.

5. Hast du einen Bleistift für mich?
☺ ?
☹ ?

3. Kannst du mir bitte bei Mathe helfen?
☺ Natürlich, was möchtest du denn wissen?
☹ Ich hab auch keine Ahnung. Lass mich in Ruhe.

6. Hast du vielleicht mein Buch gesehen?
☺ ?
☹ ?

---

8 *Sucht einen Partner. Macht Dialoge.*

Das habe ich gelernt:

Wie heißt der höchste Berg in Deutschland?	Zugspitze.
Wie viele Einwohner hat die größte deutsche Stadt?	Berlin hat 3,5 Mio. Einwohner.
Wo liegt das älteste Kloster der Schweiz?	Bei Bern.
Wo werden in Deutschland die meisten Meerestiere gegessen?	An der Nordseeküste.
Weshalb geht er zum Arzt?	Wegen seines Arms.
	Wegen seines Beins.
	Wegen seiner Krankheit.
	Wegen seiner Schmerzen.
Ist sie zu Janas Party gekommen?	Ja, trotz ihres Streits.
	Ja, trotz ihres Problems.
	Ja, trotz ihrer Müdigkeit.
	Ja, trotz ihrer Kopfschmerzen.

Die Schlaumeier haben das beste Programm

Also, hört mal alle zu!
Auf unserem Programm sind
heute   der bekannteste Tempel,
morgen   das interessanteste Museum,
übermorgen die berühmteste Burg
und   die ältesten Kirchen!

Ich kann nicht
wegen meines Kopfes,
wegen meines Problems,
wegen meiner Müdigkeit,
wegen meiner Kopfschmerzen.
Du kannst auch nicht, Turbo,
wegen deines Kopfes,
wegen deines Problems,
wegen deiner Müdigkeit,
wegen deiner Kopfschmerzen.

Er kann nicht   wegen seines Kopfes,
sie kann nicht   wegen ihres Problems,
es kann nicht   wegen seiner Müdigkeit,
wir können nicht wegen unserer Kopfschmerzen,
ihr könnt nicht   wegen eurer Kopfschmerzen,
sie können nicht wegen ihrer Kopfschmerzen,
nur Sie können   wegen Ihres Kulturinteresses!

So, und jetzt gehen wir
alle rauf zum Tempel!

Machen Sie doch endlich
mal eine Pause –
trotz   Ihres Ehrgeizes,
trotz   Ihres Programms,
trotz   Ihrer Begeisterung,
wegen Ihrer Schüler!

Wir sind die Größten!
Und weshalb?
Wegen unseres Programms!

Jugendorganisationen

1. Jugendfeuerwehr

Über 260000 Mitglieder im Alter von 10 bis 18 Jahren in 18000 Städten und Dörfern beweisen, wie beliebt die Jugendfeuerwehren in Deutschland sind. Die Jugendlichen treffen sich regelmäßig, lernen und üben, wie man Feuer löscht oder wie man am Unfallort Erste Hilfe leistet. Sie lernen, Verantwortung zu übernehmen, erleben Erfolg und Anerkennung und erfahren, dass Helfen Spaß machen kann. Auch Sport, Spiele, Umweltschutz und Zeltlager stehen auf dem Programm.

2. Sportvereine

Alle Sportvereine machen Angebote für Kinder und Jugendliche. Sie bieten Sportplätze, Sporthallen, Sportgeräte und ausgebildete Trainer für alle Sportarten. Die Sportvereine organisieren auch Ski- und Sportfreizeiten, Ferienangebote und vieles mehr. Außerdem veranstalten einige Sportvereine internationale Jugendtreffen mit Sportwettkämpfen.

3. DLRG-Jugend

(Deutsche Lebens-Rettungs-Gesellschaft)
Fast 500000 Kinder und Jugendliche sind Mitglied der DLRG-Jugend. Sie werden als Rettungsschwimmer ausgebildet, sorgen für die Sicherheit und Rettung von Schwimmern am Meer, an Seen und in Schwimmbädern und passen auf, dass niemand in den Gewässern ertrinkt. Das Schwimmen steht für die DLRG-Jugend im Mittelpunkt ihrer sportlichen Aktivitäten, es gibt sogar Deutsche Meisterschaften im Rettungsschwimmen. Aber die Jugendlichen lernen auch Erste Hilfe, das Umgehen mit Motorbooten und sie setzen sich für Sauberkeit und Schutz der Gewässer ein.

4. Pfadfinder

Wer zu den Pfadfindern geht, möchte selbst etwas tun, Spaß haben und Abenteuer erleben. Für Pfadfinder ist die Gemeinschaft wichtig. Sie treffen sich zu Gruppenstunden, bei Musikfesten und in Ferienlagern. Sie lernen, wie man Feuer macht, ein Zelt aufstellt oder wie man sich in der freien Natur orientiert. Sie machen interessante Reisen und setzen sich für die Umwelt und für Menschen, die Hilfe brauchen, ein.

5. BUNDjugend

(Bund für Umwelt und Naturschutz)
Hier setzen sich Kinder und Jugendliche für den Schutz von Natur und Umwelt ein. Sie nehmen an Seminaren teil und lernen mehr über Ökologie und Umweltschutz. Sie informieren die Bevölkerung über Umweltprobleme und machen aktiven Naturschutz: Sie schützen seltene Tiere und Pflanzen. Außerdem organisieren sie auch naturkundliche Ausflüge und Reisen oder lernen in Camps andere Naturschützer kennen.

6. THW-Jugendgruppen
(Technisches Hilfswerk)

Etwa 10000 Jugendliche im Alter von 10 bis 18 Jahren sind in den Jugendgruppen des THW. Sie werden ausgebildet, um bei schweren Unfällen oder Katastrophen wie Überschwemmungen oder Erdbeben helfen zu können. Die Jugendlichen lernen viel über Technik, sie lernen z.B., wie man Wege und Stege baut, wie man Unfallorte in der Nacht beleuchtet, wie man Erste Hilfe leistet und Verletzte transportiert. Natürlich gibt es auch Spiel- oder Filmabende und gemeinsame Ausflüge. Die Gruppen treffen sich regelmäßig zu Zeltlagern und Wettkämpfen, wo sie Team-geist und technisches Können beweisen müssen.

7. Jugendrotkreuz (JRK)

In über 5500 JRK-Gruppen sind über 100000 Kinder und Jugendliche ab 6 Jahren. Sie lernen, wie man Erste Hilfe leistet und Unfälle vermeidet. Sie klären andere Jugendliche über gefährliche Krankheiten, Drogen und Sucht auf. Sie helfen behinderten und älteren Menschen. Sie sammeln Geld für Kinder in armen Ländern. Sie setzen sich gegen Gewalt, gegen Krieg, gegen den Einsatz von Kindersoldaten und für das weltweite Verbot von Landminen ein. Und sie lernen in internationalen Jugendcamps Menschen aus anderen Ländern kennen.

1a *Was weißt du über die Jugendorganisationen? Lies die Texte und erzähle.* ⟩ **AB 1** ⟩

Größe der Organisation?

Kenntnisse?

**Jugendfeuerwehr
Sportvereine
DLRG
Pfadfinder
BUNDjugend
THW
JRK**

Ort?

Aufgaben, Aktionen?

Spaß?

b *Wärst du gern in einer von diesen Jugendorganisationen Mitglied oder nicht? Begründe.*

Ich wäre gern Mitglied bei ..., weil/denn/um ... zu/damit ...

Ich möchte in keiner Jugendorganisation sein, weil/denn ...

2a *Was siehst du auf den Fotos (nicht)?*

AB 2

1.
a) ein Lagerfeuer (brennen)
b) Jugendliche (vor Zelten sitzen)
c) der Junge (Gitarre spielen)
d) die Gruppe (wandern)
e) ein Vogel (singen)

2.
a) die Feuerwehrleute (löschen)
b) das Mädchen (Erste Hilfe leisten)
c) ein Feuerwehrauto (fahren)
d) zwei Feuerwehrleute (Helm tragen)
e) eine Feuerwehrübung (anstrengen)

3.
a) die Rettungsschwimmer (trainieren)
b) drei DLRG-Schwimmer (helfen)
c) ein Verletzter (auf dem Boden liegen)
d) das Motorboot (rasen)
e) die Meisterschaft (jährlich stattfinden)

4.
a) die Naturschützer (sich einsetzen)
b) Tiere (aussterben)
c) der Junge (Müll sammeln)
d) die Pflanzen (wild wachsen)
e) Jugendliche (teilnehmen)

> Auf dem ersten Foto sind vor Zelten sitzende Jugendliche, ...,
> aber kein brennendes Lagerfeuer, ...

der	singen - d - e Vogel	ein	singen - d - er Vogel
das	brennen - d - e Feuer	ein	brennen - d - es Feuer
die wild	wachsen - d - e Pflanze	eine wild	wachsen - d - e Pflanze
die im Wald wandern - d - **en** Leute		im Wald	wandern - d - e Leute

b *Forme bitte um.*

AB 3

1. Der Helm, der passt, ist der passende Helm.
2. Ein Motorrad, das rast, ist ein ...
3. Die Trainerin, die prüft, ist die ...
4. Die Schüler, die turnen, sind die ...
5. Mitglieder, die teilnehmen, sind ...
6. Die Gruppe, die trainiert, ...
7. Ein Verein, der Zeltlager organisiert, ...
8. Das Ferienlager, das im Wald liegt, ...
9. Das Team, das Verletzte rettet, ...
10. Schüler, die über Naturschutz informieren, ...

3 *Hör zu. Was ist richtig? Was ist falsch?*

R F

1. Das JRK setzt sich dafür ein, dass Soldaten nicht jünger als 18 Jahre sein dürfen. ? ?
2. Bei dem Sonderprogramm in der Jugend-Eventhalle dreht sich alles um Mix-Getränke. ? ?
3. Seit seinem Praktikum will das Mädchen Landwirtin werden. ? ?
4. Du solltest einen Regenschutz mitnehmen. ? ?
5. Die DLRG-Gruppe trifft sich am Dienstagabend zum Training. ? ?

4 *Wann passiert das? Berichte.*

> AB 4

 # Die Rettungshunde des Malteser Hilfsdienstes

Rettungshunde werden zur Suche nach Menschen ausgebildet und eingesetzt. Sie können besser hören und etwa hunderttausendmal besser riechen als der Mensch. Deshalb haben sie bei der Suche nach Vermissten oft mehr Erfolg als die Technik. Vor allem nach Erdbeben, Lawinen oder Verkehrsunfällen sind Rettungshunde wichtige Helfer.

Während	des der ihres ihrer	Ausbildung Trainings Fahrt Flugs Suche Einsatzes	... lernen die Hunde, Menschen zu finden. ... verlieren die Hunde ihre Angst vor Lärm und Feuer. ... haben die Hunde viel Spaß. ... müssen die Hunde mit ihren Führern Prüfungen machen. ... ins Katastrophen-Gebiet sind die Hunde mit ihren Hundeführern zusammen. ... zum Einsatzort sitzen die Helfer und ihre Hunde auf einem Lastwagen. ... ist der Hundeführer immer dabei. ... orientieren sich die Rettungshunde am menschlichen Geruch. ... muss die Hundenase immer wieder mit Wasser gereinigt werden.

Deutsche Gesellschaft zur Rettung Schiffbrüchiger

Seit 1865 hilft die DGzRS Seeleuten und Menschen, die auf See in Not geraten. Die Gesellschaft hat heute 61 Rettungseinheiten, die an der Nordsee und Ostsee stationiert sind und bei jedem Wetter rund um die Uhr zum Einsatz kommen. Auf den Rettungsbooten und Seenotkreuzern arbeiten etwa 800 freiwillige sowie 185 angestellte Besatzungsmitglieder. Von der Gründung bis Ende 2003 wurden 70907 Menschen aus Seenot gerettet oder aus lebensgefährlichen Situationen befreit.

5 *Erzählt mit nachdem-Sätzen.*　　　　　　　　　　　AB 5, 6

1. Aus dem Bordtagebuch des Seenotkreuzers MINDEN:

29. Mai 2005

a) Eine Touristengruppe informierte sich über Meerestiere und Pflanzen. Danach plante sie einen Ausflug ins Wattenmeer.

b) Die Touristen gingen an Bord eines Schiffes. Dann fuhren sie ins Wattenmeer.

c) Ein Fischernetz kam in die Schiffsschraube. Danach konnte das Schiff nicht mehr weiterfahren.

d) Das Schiff lag einige Zeit hilflos im Wasser. Dann alarmierte der Kapitän die Seenotrettung.

e) Der Seenotkreuzer MINDEN erhielt den Notruf. Danach kam er dem Schiff zu Hilfe.

f) Die Besatzung nahm die Touristen an Bord des Seenotkreuzers. Dann schleppte sie das Schiff in den Hafen von List.

> Nachdem sich eine Touristengruppe über Meerestiere und Pflanzen **informiert hatte**, plante sie einen Ausflug ins Wattenmeer.

> Nachdem die Touristen an Bord eines Schiffes **gegangen waren**, fuhren sie ins Wattenmeer.

2. Aus dem Bordtagebuch des Seenotkreuzers THEO FISCHER:

18. Juni 2005

a) Drei Freundinnen fuhren mit einem Boot auf die Ostsee. Dann sprang ein Mädchen zum Baden ins Wasser.

b) Ein Motorboot fuhr über das schwimmende Mädchen. Danach war sie schwer verletzt.

c) Der Motorbootfahrer holte das Mädchen aus dem Wasser. Dann brachte er sie sofort zum Seenotkreuzer.

d) Der Schiffsarzt versorgte das Mädchen im Bordhospital. Dann brachte sie ein Hubschrauber ins Krankenhaus.

3. Aus dem Bordtagebuch des Seenotkreuzers HANS HACKMANN:

29. Juli 2005

a) Eine junge Robbe verletzte sich an einem Netz. Später fand man das kranke Tier auf Helgoland.

b) Ein Tierschützer alarmierte die Seenotrettung. Dann nahm der Seenotkreuzer die Robbe an Bord.

c) Die Besatzung kühlte die Robbe während der Fahrt mit Nordseewasser. Dann holten Mitarbeiter der Aufzuchtstation Büsum die Robbe ab.

d) Der Tierarzt versorgte die Robbe. Dann wurde sie in die Nordsee zurückgebracht.

6 *Ein Tag mit Paul bei den Pfadfindern: Erzählt die Geschichte weiter.*

AB 7

1. den Rucksack packen

2. sich mit der Gruppe treffen

3. mit dem Bus fahren

4. an den Bodensee kommen

5. das Zelt aufstellen

6. ein Lagerfeuer machen

7. Suppe kochen

8. am Lagerfeuer singen

9. am Lagerfeuer einschlafen

Nachdem Paul den Rucksack gepackt hatte, traf er sich mit der Gruppe.
Nachdem er sich mit der Gruppe getroffen hatte, fuhren sie mit dem Bus.

Bevor Paul sich mit der Gruppe traf, packte er den Rucksack.
Bevor sie mit dem Bus fuhren, traf sich Paul mit der Gruppe.

Plusquamperfekt

| Perfekt: | er hat gepackt | er ist gefahren |
| Plusquamperfekt: | er **hatte** gepackt | er **war** gefahren |

7a *Bilde jeweils vier Sätze und schreib sie in dein Heft.*

Dazu braucht man das Plusquamperfekt:

1. <u>Für die Zeit vor der Vergangenheit:</u>
   • 1993 machte sie das Abitur.
   Vorher hatte sie neun Jahre lang das Gymnasium besucht.

2. <u>In *nachdem*-Sätzen, wenn im Hauptsatz Präteritum steht:</u>
   • Nachdem sie das Abitur gemacht hatte, studierte sie Medizin.
   • Sie arbeitete im Krankenhaus, nachdem sie studiert hatte.

b *Bilde jeweils vier Sätze und schreib sie in dein Heft.*

Hier braucht man kein Plusquamperfekt:

<u>In Nebensätzen mit *bevor*:</u>
• Bevor sie 1993 das Abitur machte,
  besuchte sie neun Jahre lang das Gymnasium.
• Sie studierte sechs Jahre lang, bevor sie im Krankenhaus arbeitete.

8 *Sucht einen Partner. Macht Dialoge.*

Das habe ich gelernt:

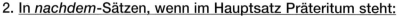

In welchem Verein/In welcher Organisation wärst du gern Mitglied?

Ich wäre gern bei den Pfadfindern/ bei der DLRG-Jugend/..., weil ich Menschen helfen möchte.
Die helfenden Organisationen.

Welche Organisationen sind bei der Jugend beliebt?
Wann lernen die Jungfeuerwehrleute, Feuer zu bekämpfen?
Wann fuhr der Seenotkreuzer los?

Während der Ausbildung/ des Trainings.
Nachdem man ihn alarmiert hatte.
Bevor es zu spät war.

Die Schlaumeier im Zeltlager

103

Was bist du für ein Ferientyp?

A ein Naturtyp

D ein Sporttyp

F ein Abenteuertyp

B ein Kontakttyp

C ein Kreativer

E ein Faulenzer

G ein Aktiver

1 *Fragt euch gegenseitig und begründet.*

> AB 1

● Bist du ein Faulenzer?

○ Nein, das bin ich nicht.

● Bist du vielleicht ein Kontakttyp?

○ Ja, genau.

● Wieso?/Weshalb?/Warum?/Kannst du das begründen?

○ Weil ich gern neue Leute kennen lerne. Ich besuche gern Ferienorte, wo viel los ist. ...
Deswegen/Deshalb/Darum bin ich ein Kontakttyp.

1. ? sich gern mit Tieren und Pflanzen beschäftigen
2. ? die Ferien gern in der Natur verbringen
3. ? sich für Wassersport interessieren
4. ? die Ferien gern in einer Gruppe verbringen
5. ? Spaß am Malen und Basteln haben
6. ? Fun-Sportarten (wie Strandsegeln) gut finden
7. ? immer ein volles Ferienprogramm haben
8. ? Ferienorte besuchen, wo viel los ist
9. ? feste Programme in den Ferien hassen
10. ? sich gern mit seinen Hobbys beschäftigen

11. ? gern aktiv sein
12. ? gern neue Leute kennen lernen
13. ? sich viel ausruhen wollen
14. ? gern in fremde Länder fahren
15. ? schöne Landschaften lieben
16. ? gern im Zelt übernachten
17. ? am liebsten nichts tun wollen
18. ? das Risiko lieben
19. ? sehr gern Sport treiben
20. ? gern Wintersport machen

2 *Wem gehört das? Erzählt bitte.*   AB 2, 3

Reiseausrüstung

 1. der Rucksack	2. die Angel	3. das Taschenmesser	 4. das Wohnmobil	 5. der Schlafsack
 6. der Kompass, die Landkarte	 7. der Pass	 8. der Wanderstock	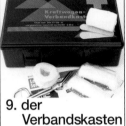 9. der Verbandskasten	 10. die Trinkflasche
 11. das Malzeug	 12. das Segelboot	 13. die Hängematte	 14. das Zelt	 15. das Seil

der Reisende • der Aktive • der Kreative • der Müde • der Abenteuerlustige
der Verletzte • der Durstige • der Sportliche • der Faule • der Fremde

Der Reisende/Ein Reisender/Die Reisenden/Reisende braucht/brauchen einen Rucksack, ...
Der Rucksack ist für den Reisenden/einen Reisenden/die Reisenden/Reisende oder ...
Der Rucksack gehört dem Reisenden/einem Reisenden/den Reisenden/Reisenden oder ...

Nominativ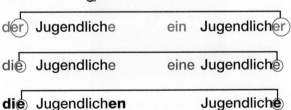

der Jugendliche	ein Jugendlicher
die Jugendliche	eine Jugendliche
die Jugendlichen	Jugendliche

Akkusativ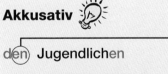

den Jugendlichen	einen Jugendlichen
die Jugendliche	eine Jugendliche
die Jugendlichen	Jugendliche

Dativ

dem Jugendlichen	einem Jugendlichen
der Jugendlichen	einer Jugendlichen
den Jugendlichen	Jugendlichen

Tempo

Jugendreisen und Klassenfahrten

A

TRANS GLOBUS *Jugendcamps*

Die Ferien verbringen mit Jugendlichen zwischen 12 und 16 Jahren aus aller Welt! Mit Fun-Sportarten für Aktive wie Mountainbiken, Klettern, Kajakfahren, Bogenschießen etc. Außerdem Theater-spielen und Gitarrenkurse für Kreative. Zwei Wochen Camp-Aufenthalt mit Vollpension: 215 Euro

B
Reiten im Watt

Ausflug in Naturschutzgebiete, Reiten im Watt, Schifffahrt zur Robbenbank, Sport und Spiel, Wellenbad, Grillpartys, Disko. Für Jugendgruppen und Schulklassen: fünf Tage 107 Euro pro Person (Übernachtung, Frühstück und eine warme Mahlzeit inkl.)

Nordsee-Reisen
Rantum/Sylt

C

Klassenfahrten nach Berlin – immer ein Erlebnis

Unser Jugendgästehaus ist ca. 30 Minuten vom Zentrum entfernt. Wir bieten Hilfe bei der Programmgestaltung: Stadtrundfahrten, Besichtigungen, Theater, Konzerte, Disko, Ausflüge in die Umgebung.
Unterkunft mit Frühstück: 20 Euro

Jugendklub Berlin e.V.

D
FIT SKIREISEN

Winterurlaub für Jugendliche in den Top-Skigebieten der Schweiz:
Ihr verbringt den Tag auf der Piste, bekommt Ski- und Snowboardunterricht, betreut von unserem Skiteam. Abends gibt's dann coole Après-Ski-Partys. Unser Angebot für Gruppen ab 10 Personen:
5 Tage Vollpension und 4 Tage Skipass für 245 Euro pro Person
... ab 20 Personen: nur 215 Euro pro Person!

E

Euro Natur

Natur-, Wander- und Erlebnisreisen für Jugendgruppen zu den Tier- und Landschaftsparadiesen in Europa, z.B.
• Wildpferde in der Camargue
• Zugvögel im Watt
• Höhlen in Griechenland
• ...
ab 180 Euro pro Person für 8 Tage (Busreise, Unterbringung auf Camping-plätzen, VP)

F
Nordsee-Reisen

Segelreisen auf Traditionsseglern nach Dänemark, Holland und im Wattenmeer. Ihr lernt:
• Segel setzen und einholen
• Segelmanöver
• Navigation und den Kurs bestimmen und vieles mehr!
Übernachtung und Verpflegung an Bord ab 25 Euro pro Tag

3 *Zu welcher Gruppe würde welches Angebot passen? Begründet.*

AB 4, 5

1 Wir sind die Jugendgruppe von der Andreas-Kirche, 15 Jungen und Mädchen von 12 bis 15 Jahren. Wir haben uns dieses Jahr vor allem mit Natur- und Umweltschutz beschäftigt. Deshalb wollen wir auch in den Osterferien, wenn wir gemeinsam verreisen, engen Kontakt zur Natur haben, Tiere und Pflanzen beobachten und in der Natur leben.

Jugendgruppe Sankt Andreas

2 Wir möchten mit unserer Volleyball-Mannschaft – wir sind 14 Mädchen von 14 bis 16 – eine Freizeit über Karneval machen. Die meisten von uns möchten natürlich viel Spaß haben und etwas erleben. Wir wollen aber vor allem aktiv Sport treiben, und zwar mal was anderes als Volleyball.

Volleyball-Mädchenmannschaft aus Köln

3 Unsere Klasse macht im Juni eine Abschlussfahrt. Wir suchen ein Angebot, das möglichst die Wünsche aller Mitschüler erfüllt. Einige von uns sind ganz begeisterte Naturfreunde. Andere wollen lieber Sport und Spaß. Aber naürlich wollen wir die Abende zusammen verbringen.

Klasse 9b, Astrid-Lindgren-Schule

4 Wir sind eine Jugendgruppe aus einer Kleinstadt in Thüringen. Wir möchten ein verlängertes Wochenende zusammen verbringen. Toll wäre etwas mit einem interessanten Programm, z.B. einem Ausstellungsbesuch, Konzert, Theater oder Museum.

Jugendgruppe aus Saalfeld

5 Wir sind an der Berufsschule und wollen eine Klassenfahrt machen. Wir wollen als Gruppe etwas erleben, damit wir uns besser kennen lernen.
Die Gegend soll schön und möglichst am Wasser sein. Bei der Unterbringung sind uns auch Gemeinschaftsunterkünfte recht.

Auszubildende im 1. Lehrjahr aus Augsburg

> Zu der Jugendgruppe Sankt Andreas würde das Angebot von ... passen, weil sie da ... könnten. Sie könnten aber auch ...

4a *Was passt zusammen?*

1. Je **weiter** das Reiseziel entfernt ist,
2. Je **größer** die Reisegruppe ist,
3. Je **weniger** Lärm man macht,
4. Je **länger** die Busfahrt ist,
5. Je **jünger** die Reiseteilnehmer sind,

a) ... desto **weniger** zahlt man pro Person.
b) ... desto **müder** wird man dabei.
c) ... desto **wichtiger** ist ihre Betreuung.
d) ... desto **teurer** wird die Reise.
e) ... desto **besser** kann man Tiere beobachten.

b *Vergleiche mit „je ... desto".*

AB 6

1. Die Unterkunft ist einfach. Das Angebot kann preiswert sein.
2. Die Reisenden sind alt. Der Ferienort muss ruhig sein.
3. Die Reisenden sind aktiv. Das Programm sollte sportlich sein.
4. Der Berg ist steil. Wir klettern langsam.
5. Ihr fahrt hoch auf die Berge. Die Aussicht ist fantastisch.
6. Der Wind ist stark. Das Segeln wird schwierig.
7. Das Wasser ist tief. Das Tauchen wird gefährlich.
8. Die Landschaft ist schön. Die Reise ist eindrucksvoll.

> Je einfacher die Unterkunft ist, desto preiswerter kann das Angebot sein.

Was ist ein Workcamp?

1.	?

Ein Workcamp dauert in der Regel zwei bis vier Wochen. Die meisten Workcamps finden in den Sommerferien statt, nicht nur in Europa, sondern auf der ganzen Welt.

2.	?

Gewöhnlich nehmen 10 bis 20 junge Leute aus verschiedenen Ländern an einem Workcamp teil. Die meisten sind 15 bis 26 Jahre alt.

3.	?

In einem Workcamp begegnen sich Jugendliche aus aller Welt und arbeiten zusammen an einem Projekt. Dabei entwickeln sie Respekt vor kulturellen Unterschieden, vor Natur und Umwelt.

4.	?

Die Teilnehmerinnen und Teilnehmer arbeiten freiwillig und ohne Bezahlung an einem sozialen Projekt. Die tägliche Arbeitszeit beträgt fünf bis sechs Stunden außer an Wochenenden.

5.	?

Die Jugendlichen werden in Gastfamilien, Zeltlagern oder in einfachen Drei- bis Sechsbettzimmern untergebracht, die zu Jugendzentren, Heimen oder Schulen gehören.

6.	?

Die Teilnehmerinnen und Teilnehmer kochen gemeinsam oder sie werden von einer Gemeinschaftsküche versorgt.

5 *Welche Überschrift passt?*

- A ? Ziele
- B ? Unterkunft
- C ? Teilnehmer/innen
- D ? Arbeitsbedingungen
- E ? Verpflegung
- F ? Zeit und Ort

6 *Was macht man in einem Workcamp? Erzählt bitte.*

AB 7, 8

In einem Workcamp

Kriegsgräber russischer Soldaten in Seelow

1. Strände sauber machen
2. Wanderwege in Naturschutzgebieten anlegen
3. Holzarbeiten im Wald machen
4. Wildblumen pflanzen
5. in Gärten und auf Feldern arbeiten
6. Parkanlagen pflegen
7. Spielplätze bauen
8. sich um alte oder behinderte Menschen kümmern
9. Baudenkmäler wie Kirchen oder Klöster renovieren
10. Gedenkstätten für Kriegsopfer pflegen
11. an Keramik-/Musik-/...-Workshops teilnehmen
12. Kontakte mit Einheimischen haben

Internationales Workcamp bei Düsseldorf

INFO

Früher waren hier Teiche, in denen Fische gezüchtet wurden. Jetzt soll an dieser Stelle ein Naturschutzgebiet entstehen. Die Teilnehmer des Workcamps helfen dabei, ein zusammen-hängendes Feucht-gebiet mit einem Bach anzulegen.

7 *Hör zu. Was ist richtig? Was ist falsch?*

	R	F
1. Das Workcamp findet in der Stadt Düsseldorf statt.	?	?
2. Im Workcamp arbeiten neun Jungen und Mädchen.	?	?
3. Hanna kommt nicht aus Deutschland.	?	?
4. Hanna arbeitet schon seit drei Wochen im Workcamp.	?	?
5. Die Teilnehmer arbeiten meistens an oder in Gewässern.	?	?
6. Im Naturschutzgebiet gibt es jetzt wieder seltene Pflanzen.	?	?
7. Bei der Arbeit im Wasser werden sie nass.	?	?
8. Sie haben schon viele Ausflüge gemacht.	?	?
9. Im Workcamp sprechen sie nur Englisch.	?	?
10. Im Workcamp arbeitet eine Köchin, die aus der Türkei kommt.	?	?

8 *Hast du schon Ferienpläne? Erzähle.*

 AB 9

Ich möchte nicht **irgendwo** Ferien machen, ich möchte in einem Workcamp mitarbeiten.
Ich möchte nicht **irgendwas** tun. Ich möchte etwas Nützliches tun.
Ich möchte nicht an **irgendeinem** Workcamp teilnehmen, sondern an einem Umweltprojekt.
Ich möchte nicht **irgendjemanden** kennen lernen, sondern Jugendliche aus ganz Europa.
Hast du schon **irgendwelche** Ferienpläne?

Hanna

1. irgendein Land besuchen?
2. irgendwann Ferien machen?
3. irgendwas machen?
4. irgendeinen Sport treiben?
5. irgendwelche Leute treffen?

Satzmodelle

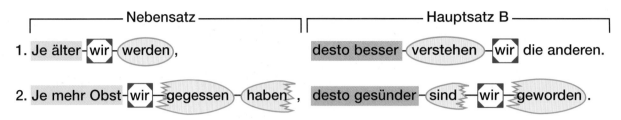

──── Nebensatz ────────────   ──────── Hauptsatz B ────────

1. Je älter-[wir]-(werden),   desto besser - (verstehen) -[wir] die anderen.

2. Je mehr Obst-[wir]-(gegessen)-(haben),   desto gesünder-(sind)—[wir]—(geworden).

9 Bilde zu jedem Satzmodell drei neue Sätze und schreib sie in dein Heft.

10 Hört zu. Wie werden die Sätze betont? Ordnet dann zu und lest mit verteilten Rollen.

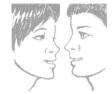

1. Wann fährt denn der Zug ab?   a) Klar, die ist doch einfach.
2. Was machst du denn da?   b) Ich hab doch gesagt, dass ich nicht komme.
3. Hast du denn die Aufgabe verstanden?   c) Fragen Sie doch bei der Auskunft.
4. Wann kommst du denn heute?   d) Doch, ich war da!
5. Warst du denn nicht in der Schule?   e) Doch, es liegt in der Küche.
6. Hast du denn kein Brot gekauft?   f) Das geht dich doch gar nichts an!

1	2	3	4	5	6
?	?	?	?	?	?

11 Sucht einen Partner. Macht Dialoge.

Das habe ich gelernt:

Wer geht ins Konzert?	Die Jugendlichen./Alle Fremden./Keine Alten.
Wen trifft man da?	Viele/Mehrere/Wenige/Einige Jugendliche/Bekannte.
Wem gefällt die Musik?	Den/Allen/Keinen/Vielen/Mehreren/Wenigen/Einigen Jugendlichen/Bekannten.
Wie war die Reise?	Sie war so toll, wie ich gedacht hatte. Sie war schöner als die Reise im letzten Jahr. Je länger sie dauerte, desto besser gefiel sie mir.
Wer soll die Arbeit machen?	Weiß ich nicht, irgendwer/irgendeiner/irgendjemand/ irgendein Schüler/irgendein Kind/irgendeine Schülerin.
Wohin fahrt ihr in den Ferien?	Keine Ahnung, irgendwohin.
Was nimmst du mit?	Ist mir egal, irgendetwas.
Und wie willst du das denn machen?	Das geht dich doch nichts an. Irgendwie bekomme ich das schon hin.

Die Schlaumeier renovieren

Über sich selbst erzählen

Ich bin Meier.

1. Ich gehe in die ...-Schule.
2. Ich beschäftige mich gern mit ...
3. Ich habe ... Geschwister.
   Mein Bruder/Meine Schwester ist ... als ich.
4. Ich heiße ... Mein Name ist ...
5. Mein Lieblingsfach ist ...
   Ich bin gut in ...
6. Ich sammle ...
7. Ich habe die ... Staatsangehörigkeit.
8. Ich bin ... Jahre alt. Ich bin in ... geboren.
9. Ich habe ... Hobby(s). Das ist/sind ...
10. Ich wohne in ...

11. Zu meiner Familie gehören
    ... Personen. Das ist/sind ... und ich.
12. Ich bin in der ...ten Klasse.
13. Ich spiele ...
14. Ich lerne ... Sprache(n). Ich lerne ...
15. Ich interessiere mich für ...
16. Ich komme aus ...
17. Mein Vater/Meine Mutter ist .../
    arbeitet als ...

1a *Was passt zu welchem Themenbereich?*

A ? meine Person
B ? meine Familie
C ? meine Schule
D ? meine Hobbys
E ? meine Stadt/mein Land

---

b *Sucht einen Partner und erzählt über euch selbst.*

---

2 *Lebenslauf: Erzähle über Julia.*

Lebenslauf

1. Name	Julia Martens
2. Adresse	Sternstraße 19, D-40479 Düsseldorf
3. E-Mail-Adresse	julma@mail.de
4. Geburtsdatum und -ort	4. Januar 1994 in Ratingen
5. Staatsangehörigkeit	deutsch
6. Schulausbildung	2000–2004: Grundschule in Ratingen, seit 2004 Görres-Gymnasium in Düsseldorf
7. Besondere Kenntnisse	Geige spielen, Rettungsschwimmen bei der DLRG-Jugend
8. Fremdsprachen	Englisch, Latein

3 *Spielt in Gruppen.*

Würfle und laufe mit deinem Spielstein. Wenn du auf ein Feld mit einer Nummer kommst, liest du die Situation und stellst eine passende Frage. Wenn deine Mitspieler der Meinung sind, dass die Frage nicht zur Situation passt, musst du zwei Felder zurückgehen. Dann ist der Nächste dran. Ihr dürft die Frage, die schon ein Mitspieler vor euch gestellt hat, nicht noch einmal stellen. Wer zuerst am Ziel ist, gewinnt.

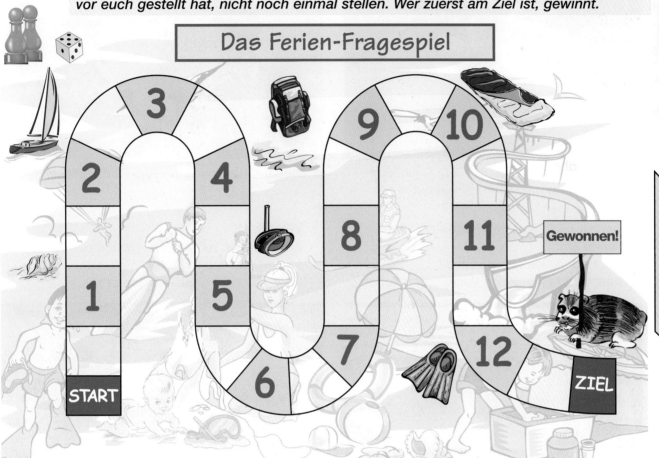

Das Ferien-Fragespiel

1. Am Flughafen
Du wartest auf dein Gepäck. Alle Mitreisenden haben ihre Koffer schon bekommen, nur du nicht. Was fragst du?

2. An der Bushaltestelle
Du wartest mit anderen Fahrgästen auf den Bus und möchtest zum Jugendgästehaus fahren. Was fragst du?

3. Im Jugendgästehaus
Du willst abends in die Disko gehen, aber das Jugendgästehaus ist nicht die ganze Nacht offen. Was fragst du?

4. Im Speisesaal
Du suchst mittags mit deinem Freund einen Platz zum Essen, aber alle Tische sind besetzt. Was fragst du?

5. Am Strand
Am Strand werden Boote verliehen.
Was fragst du?

6. Im Supermarkt
Du ernährst dich vegetarisch (ohne Fleisch) und willst einkaufen.
Was fragst du?

7. Am Bahnhof
Du bist im Informations-Center. Du willst am Sonntagmittag in Bremen sein.
Was fragst du?

8. Im Museum
Für Schüler und Studenten gibt es billigere Eintrittskarten.
Was fragst du?

9. Auf der Post
Du möchtest Postkarten an deine Freunde schicken.
Was fragst du?

10. Auf dem Campingplatz
Du möchtest ein paar Tage hier verbringen.
Was fragst du?

11. Im Workcamp
Dein Gruppenleiter möchte eine Abschlussparty organisieren. Was fragst du?

12. Im Workshop
Du möchtest am Musik-Workshop teilnehmen.
Was fragst du?

4a *Lest und spielt die Dialoge mit verteilten Rollen.*

Im Gespräch reagieren

Wie bitte?

● Das war der letzte Bus!
Das hat uns gerade noch gefehlt.
Was machen wir denn jetzt?

○ Tut mir leid, mir fällt im Moment auch
nichts ein.
Hast du vielleicht eine Idee?
Kannst du nicht einen Vorschlag machen?

● Die Musik ist von den Hip-Hop-Rats!

○ Wie bitte?
Könntest du bitte lauter (deutlicher/lang-
samer) sprechen?
Ich habe dich nicht verstanden.

● Eine irrationale Zahl ist eine reelle Zahl,
die keine rationale Zahl ist.

○ Könnten Sie das bitte nochmal wieder-
holen?
Könnten Sie dazu ein Beispiel nennen?
Könnten Sie mir sagen, was Sie meinen?

● Kannst du heute schnell muckatucku von
bibabex holen?

○ Könnten Sie mir das bitte erklären (zeigen)?
Könnten Sie das vielleicht anders sagen?

b *Was sagst oder fragst du in so einer Situation?*

1. Du hast die Matheaufgabe nicht verstanden.
2. Jemand fragt dich etwas und dir fällt keine
Antwort ein.
3. Du weißt nicht, was du am Wochenende
machen sollst, und fragst deinen Freund/
deine Freundin.
4. Jemand fragt dich nach dem Weg und du
hast nicht verstanden, wohin er will.
5. Du bist beim Arzt und verstehst nicht, was
du machen sollst.
6. Deine Lehrerin spricht zu leise.
7. Du gehst ins Reisebüro und weißt noch
nicht, wo du Urlaub machen möchtest.
8. Das Telefon klingelt. Du kannst aber nicht
verstehen, wer anruft.
9. In der Prüfung fragt dich die Prüferin
etwas und du verstehst das nicht.
10. Du bist im Kaufhaus und willst wissen, wie
der DVD-Spieler funktioniert.

5a *Großstadt oder Kleinstadt: Wo möchtest du lieber wohnen? Sammelt Argumente.*

Seine Meinung angeben, begründen

in einer Großstadt		in einer Kleinstadt/in einem Dorf/auf dem Land	
pro	**kontra**	**pro**	**kontra**
viele Leute treffen	viel Stress haben	jeden kennen	nichts los sein
?	?	?	?

b *Sag deine Meinung und begründe mit den in Aufgabe 5a gesammelten Argumenten.*

Meiner Meinung nach ist es besser, ... zu wohnen, weil ...

Ich würde/möchte lieber ... wohnen, weil ...

Ich ziehe es vor, ... zu wohnen, weil ...

Ich bin dafür/dagegen, ... zu wohnen, weil ...

Ich bin dagegen!

Ich	denke, finde, meine, glaube, bin der Meinung, bin der Ansicht,	dass es besser ist, ... zu wohnen, weil ...

6 *Was möchtest du lieber? Sag deine Meinung und gehe dabei vor wie in Aufgabe 5.*

1. im Internet surfen oder Sport treiben?
2. eine Gruppenreise machen oder mit den Eltern verreisen?
3. Bücher lesen oder fernsehen?
4. die Ferien am Meer oder in den Bergen verbringen?
5. Aktivurlaub machen oder faulenzen?
6. sich sportlich kleiden oder sich verrückt anziehen?

7a *Eine Party organisieren: Was ist zu tun? Sammelt Stichworte.*

Etwas gemeinsam planen, organisieren

Ihr seid in den Sommerferien im Zeltlager und wollt eine Abschlussparty machen.
Du hast mit deinem Partner/deiner Partnerin die Organisation übernommen.
Hier ist der Zettel mit den Notizen, die ihr euch schon gemacht habt.

Abschlussparty

1. Wann? Wie lange?	am Wochenende, ...
2. Wo?	im Speisesaal, ...
3. Einladung: Wen?	Betreuer, ...
4. Essen, Getränke: Wer? Was?	Salate, ...
5. Musik zum Tanzen?	CDs, ...
6. Dekorieren: Was? Wer? Wann?	Poster, ...
7. Aufräumen: Wer? Wann?	am nächsten Morgen, ...
8. Die Kosten: Wer zahlt?	Geld einsammeln, ...

Ich hab den Plan!

b *Wer übernimmt was? Verteilt mit eurem Partner die Aufgaben.*

Wer übernimmt ...?
Würdest/Könntest du für ... sorgen?
Bist du bereit, ... zu übernehmen?
Würdest/Könntest du ... organisieren?
Wir dürfen nicht vergessen, dass ...
Wir brauchen auch ...
Wir müssen auch daran denken, dass ...
Ich schlage vor, dass ...

Ich würde gern ... übernehmen.
Ich würde/könnte für ... sorgen.
Ich bin bereit, ... zu übernehmen.
Ich würde/könnte ... organisieren.
Ich kann ja mal meinen .../meine ... fragen.
Ich kann ... mitbringen/besorgen.
Ich kann ja ...
Damit bin ich einverstanden.
Ich würde es besser finden, wenn ...

8 *Einen Infostand planen: Verteilt mit eurem Partner die Aufgaben.*
Geht dabei vor wie in Aufgabe 7.

Ihr wollt mit eurer Umwelt-
gruppe einen Infostand in der
Fußgängerzone aufstellen.
Du hast mit deinem Partner/
deiner Partnerin die Organi-
sation übernommen. Überlegt
gemeinsam, was zu tun ist
und wer welche Aufgaben
übernimmt. Hier ist der Zettel
mit den Notizen, die ihr euch
schon gemacht habt.

Infostand

1. Thema: Was?	?
2. Wann? Wie lange?	?
3. die Genehmigung beantragen: Wo?	im Rathaus
4. Infomaterial: Was? Wer?	?
5. den Stand aufbauen: Wer? Wann?	?
6. Standdienst: Wer? Wann?	?
7. die Presse/die Medien informieren: Wer? Wen?	?
8. den Stand abbauen: Wer? Wann?	?

9a *Urlaubswünsche von Jugendlichen: Welche Informationen gibt dir die Statistik?*
Sprich mit deinem Partner darüber.

Über ein Thema sprechen

Die Grafik/Die Statistik gibt Auskunft über .../handelt von .../hat ... zum Thema.
Die meisten Jugendlichen ziehen ... vor/ziehen vor, ... zu ...
Die Mehrheit/Fast zwei Drittel/... Prozent hätte gern .../möchte ...
Viele Jugendliche wünschen sich .../wünschen sich, ... zu ...
Bei wenigen/einigen/vielen/den meisten Jugendlichen ist ... am beliebtesten/beliebt/nicht so beliebt.
Für wenige/einige/viele/die meisten Jugendlichen ist ... am wichtigsten/wichtig/nicht so wichtig.
Mich überrascht/Es ist interessant, dass ...
Ich finde auch/nicht, dass ...

Interessant!

Urlaubswünsche
von je 100 Jugendlichen (14–25 Jahre) nannten als Urlaubswünsche:

viel Sonne	64
kein festes Programm	50
sich ausruhen, nicht anstrengen	47
Zeit für Freunde, Familie	45
etwas Außergewöhnliches erleben	35
in Diskos gehen	32
in Museen gehen, Sehenswürdigkeiten anschauen	29
aktiv Sport treiben	24

Der Wunsch nach gutem Wetter steht für deutsche Jugendliche an erster Stelle. Fast jeder zweite wünscht sich Zeit für Freunde und Familie.

b *Überlegt euch Fragen zum Thema und fragt euch gegenseitig.*

	Fragen:
dein Ferienort?	Wo machst du gewöhnlich Ferien?
deine Ferienbeschäftigungen?	?
Sprachkurs in den Ferien?	?
Ferienreise mit Familie oder Freunden?	?
Museen, Sehenswürdigkeiten oder Abenteuer?	?
Reisen ins Ausland?	?
deine Traumferien?	?

10 *Haustiere: Sprecht über das Thema und stellt euch gegenseitig Fragen dazu.*

Haustiere

Haustiere: Ja? Welche? Nein?
Warum? Warum nicht?
Pflege? Betreuung? Erziehung?
Futter?
Tierarzt?
Kosten?
Haustiere in deinem Land?

In deutschen Haushalten gibt es:

Katzen	6,9 Mio.
Meerschweinchen, Hamster und andere Kleintiere	5,7 Mio.
Vögel	4,9 Mio.
Hunde	4,7 Mio.
Aquarien	3,0 Mio.

Die Deutschen kaufen jährlich Futter im Wert von:

1016 Mio. Euro für Katzen	
924 Mio. Euro für Hunde	
98 Mio. Euro für Vögel	
86 Mio. Euro für Kleintiere	
61 Mio. Euro für Fische	

In einem Drittel deutscher Haushalte werden Tiere gehalten. Das sind mehr als 25 Millionen Tiere. Für Tierfutter werden jährlich mehr als 2 Milliarden Euro ausgegeben.

11 *So heißt das in Deutschland, in Österreich und in der Schweiz:*
Welches Wort kennst du dafür?

in Deutschland	in Österreich	in der Schweiz
die Anzeige (-n)	die Anzeige (-n)	die Annonce (-n)
?	?	das Velo (-s)
?	?	das Billett (-e)
?	das Spital (¨-er)	das Spital (¨-er)
?	der Mistkübel (-)	?
?	der Erdapfel (¨-)	?
?	das Hendel (-)	das Poulet (-s)

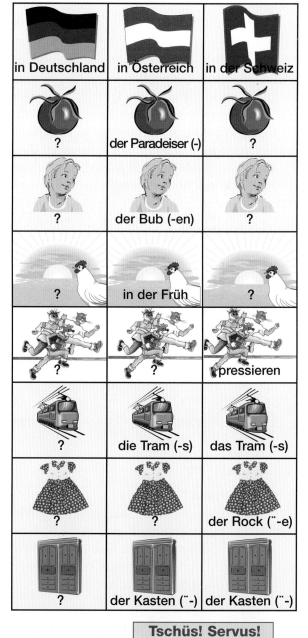

in Deutschland	in Österreich	in der Schweiz
?	der Paradeiser (-)	?
?	der Bub (-en)	?
?	in der Früh	?
?	?	pressieren
?	die Tram (-s)	das Tram (-s)
?	?	der Rock (¨-e)
?	der Kasten (¨-)	der Kasten (¨-)

12   *Hört zu. Wie werden die Sätze betont?*
Ordnet dann zu und lest mit verteilten Rollen.

Tschüs! Servus! Adieu!

1. Kommst du mal bitte her?
2. Hast du die Hausaufgaben schon gemacht?
3. Hast du auch die Matheaufgabe drei gelöst?
4. Wie hast du bloß das Radio kaputt gemacht?
5. Wie alt bist du eigentlich?
6. Könnte ich wohl das Buch ausleihen?
7. Kannst du mir vielleicht dabei helfen?
8. Kannst du überhaupt schwimmen?

a) Ich bin schon vierzehn.
b) Gern, das ist überhaupt kein Problem für mich.
c) Ich bin doch schon hier.
d) Aber sicher! Und sogar besser als du!
e) Ich hatte doch noch keine Zeit.
f) Das war doch sowieso nicht mehr in Ordnung.
g) Das will ich eigentlich selbst lesen.
h) Die hab ich doch schon in der Schule gemacht.

1	2	3	4	5	6	7	8
?	?	?	?	?	?	?	?

Die Schlaumeier werden geprüft

Rosa, nenn mir mal eine Präposition mit Dativ!

Mit dem Auto von dem Lehrer bei der Tankstelle.

Das ist ja spitze!

Rita, kennst du ein reflexives Verb?

Ich freue mich, dass Sie sich mit mir unterhalten.

Du bist ja echt gut!

Turbo, weißt du, wie die Possessivpronomen heißen?

Meine, deine, seine, ihre, unsere, eure, ihre und Ihre Prüfung find ich eigentlich nicht nötig.

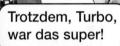

Trotzdem, Turbo, war das super!

Bello, kannst du mal das Plusquamperfekt von „sein" bilden?

Nachdem ich gestern noch ganz unsicher gewesen war, war ich heute Morgen ganz sicher.

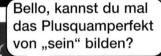

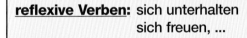

---

reflexive Verben: sich unterhalten sich freuen, ...

Possessivpronomen: mein, dein, ...

Zeiten
Präsens: er ist
Präteritum: er war
Perfekt: er ist gewesen
Plusquamperfekt: er war gewesen

Präpositionen
mit dem Akkusativ: für, ohne, ...
mit dem Dativ: bei, mit, von, ...
Wechselpräpositionen: an, auf, ...

Wenn der wüsste!

Bei einem guten Lehrer ist Grammatik kein Problem!

Alphabetische Wörterliste

Hier findest du den Wortschatz von *Das neue Deutschmobil 3*. Regelmäßig gebildete feminine bzw. maskuline Formen von bekannten Wörtern sowie Eigennamen von Personen und Städten wurden nicht aufgenommen. Zu jedem Wort sind Lektion, Seite und Aufgabe angegeben, in der das Wort zum ersten Mal vorkommt. Fett gedruckte Wörter stehen auf der Liste zum „Zertifikat Deutsch".

abbauen L 14, S. 116/8
Abendbrot, das L 2, S. 21/7
Abendessen, das, - L 2, S. 21/7
Abenteuer, das, - L 12, S. 96/1a
Abenteuerfilm, der, -e L 6, S. 49/3
abenteuerlustig L 13, S. 105/2
abfahren L 13, S. 110/10
Abfall, der, ¨-e L 4, S. 32/1
Abgas, das, -e L 5, S. 45/6a
abgeben L 1, S. 12/6
abgehen von + *D* L 7, S. 58/5a
abhalten L 9, S. 72/1
Abitur, das, -e L 7, S. 58/5a
abkühlen L 2, S. 19/5
ablehnen L 8, S. 64/1
abmelden L 7, S. 58/5a
abnehmen L 9, S. 75/6
abschließen (Vertrag) L 7, S. 59/6b
Abschluss, der, ¨-e L 10, S. 83/4
Abschlussfahrt, die, -en L 13, S. 107/3
Abschlussparty, die, -s L 4, S. 36/5a
abschreiben L 8, S. 64/1
abwaschen L 3, S. 31/Comic
Abwasser, das, ¨- L 5, S. 45/6a
abwechseln L 3, S. 25/2
achten auf + *A* L 2, S. 16/1
Ahnung, die L 1, S. 11/5
Aktion, die, -en L 4, S. 36/4a
Aktivität, die, -en L 12, S. 96/1a
Aktivurlaub, der, -e L 14, S. 115/6
Alarm, der, -e L 1, S. 10/4a
alarmieren L 12, S. 100/5
Alarmsystem, das, -e L 1, S. 13/8
allzu L 2, S. 18/4a
alternativ L 4, S. 34/3
altmodisch L 8, S. 66/4a
Altpapier, das L 4, S. 32/1
anbieten L 6, S. 52/6a
Anerkennung, die L 12, S. 96/1a
anfangs L 10, S. 84/6a
angeben (Wunsch) L 7, S. 62/10
Angebot, das, ¨-e L 6, S. 53/8
angehen L 13, S. 110/10
Angel, die, -n L 13, S. 105/2
angenehm L 9, S. 73/3
angestellt L 12, S. 100/5
Angestellte, der/die, -n L 8, S. 68/7
anhören L 3, S. 27/5b
Anker, der, - L 3, S. 28/7
anklicken L 6, S. 50/4a
Anlage, die, -n L 4, S. 34/3
anlegen L 13, S. 108/6
Anmeldeschluss, der L 1, S. 13/7
Anmeldung, die, -en L 1, S. 13/7
annehmen L 9, S. 77/9b
Annonce, die, -n (schweiz.)
   L 14, S. 118/11
ansehen L 3, S. 24/1
ansetzen L 10, S. 84/6a
Ansicht, die, -en L 14, S. 115/5b
(an)statt ... zu L 4, S. 32/1
(an)statt dass L 4, S. 32/2
anstrengen L 12, S. 98/2a
antreiben L 1, S. 9/2
Anwalt, der, ¨-e L 7, S. 56/1
Anzeige, die, -n L 14, S. 118/11
Après-Ski, das L 13, S. 106/3

Aquarium, das, Aquarien L 9, S. 78/11a
arabisch L 10, S. 84/6a
Arbeitgeber, der, - L 7, S. 59/6b
Arbeitnehmer, der, - L 7, S. 59/6b
Arbeitsbedingungen, die (Pl.)
   L 13, S. 108/5
arbeitslos L 8, S. 68/7
Arbeitslose, der/die, -n L 8, S. 64/1
Arbeitslosigkeit, die L 8, S. 68/7
Arbeitswelt, die L 1, S. 13/7
Arbeitszeit, die, -en L 3, S. 25/2
Architekt, der, -en L 7, S. 56/1
Ärger, der L 11, S. 91/4c
Armbanduhr, die, -en L 8, S. 69/8
Art, die L 10, S. 84/6a
Art, die, -en L 4, S. 36/5a
Artenschutz, der L 4, S. 36/5a
Asphalt, der L 9, S. 73/3
Ast, der, ¨-e L 9, S. 73/3
Astronaut, der, -en L 7, S. 57/3a
Atlantik, der L 2, S. 18/4a
Atmosphäre, die L 9, S. 77/9a
attraktiv L 9, S. 75/5
Aufbau, der, -ten L 1, S. 13/8
Aufenthalt, der, -e L 13, S. 106/3
Aufforderung, die, -en L 7, S. 62/10
aufhängen L 3, S. 27/5a
aufklären L 12, S. 97/1a
Aufkleber, der, - L 6, S. 53/8
aufnehmen L 3, S. 27/5a
aufrufen L 6, S. 50/4a
aufteilen L 3, S. 25/2
Auftrag, der, ¨-e L 7, S. 59/6b
Aufzuchtstation, die, -en L 5, S. 43/5
ausbilden L 12, S. 96/1a
Ausbildung, die, -en L 7, S. 57/3a
ausgefallen (Kleidung) L 8, S. 65/3
ausgehen L 12, S. 103/Comic
auslachen L 8, S. 64/1
Ausland, das L 1, S. 13/7
Ausländer, der, - L 10, S. 84/6a
ausländisch L 10, S. 84/6a
Auslese, die L 10, S. 82/3a
Ausnahme, die, -n L 1, S. 13/7
Ausnahmeregelung, die, -en L 1, S. 13/7
ausreichend L 10, S. 80/1a
sich **ausruhen** L 5, S. 43/4
ausschalten L 4, S. 32/1
ausschließen L 8, S. 64/1
Außenseiter, der, - L 8, S. 64/1
außer L 13, S. 108/5
außergewöhnlich L 14, S. 36/5a
Aussprache, die, -n L 3, S. 27/5c
ausstellen L 2, S. 23/Comic
aussterben L 4, S. 36/5a
Austauschjahr, das, -e L 11, S. 92/5a
austragen L 1, S. 11/5
austrocknen L 9, S. 77/9a
Auszubildende, der/die, -n (Azubi)
   L 7, S. 60/7
Automechaniker, der, - L 7, S. 56/1
Axt, die, ¨-e L 9, S. 73/2a
Babysitter, der, - L 1, S. 11/5
Bach, der, ¨-e L 13, S. 109/7
Badegast, der, ¨-e L 5, S. 42/3a
Bank, die, -en L 7, S. 60/7
Bankkauffrau, die, -en/-leute L 7, S. 56/1

Bankkaufmann, der, ¨-er/-leute L 7, S. 56/1
Batterie, die, -n L 1, S. 8/1
Baudenkmal, das, ¨-er L 13, S. 108/6
bauen auf + *A* L 10, S. 87/Comic
Bauingenieur, der, -e L 11, S. 92/5a
Bauweise, die, -n L 1, S. 12/6
beachten L 9, S. 75/5
beantragen L 14, S. 116/8
bedecken L 5, S. 40/1
bedenken L 9, S. 73/2a
bedeuten L 5, S. 45/6a
bedienen L 3, S. 28/6
bedrohen L 4, S. 36/5a
beeindrucken L 11, S. 92/5a
beeindruckend (→ beeindrucken)
   L 8, S. 70/11
Befehl, der, -e L 6, S. 50/4a
Befragte, der/die, -n L 6, S. 49/3
befreien L 12, S. 100/5
befriedigend L 10, S. 80/1a
begegnen L 13, S. 105/1
Begeisterung, die L 11, S. 95/Comic
begründen L 13, S. 104/1
begrüßen L 1, S. 14/10
behalten L 3, S. 24/1
behandeln L 3, S. 29/8
behaupten L 8, S. 64/1
behindert L 12, S. 97/1a
beibringen L 11, S. 92/5a
Bekannte, der/die, -n L 13, S. 110/11
belasten L 10, S. 84/6a
beleuchten L 6, S. 48/1a
belohnen L 6, S. 49/2
benutzen L 1, S. 11/5
Benzin, das L 9, S. 73/3
Benzinmotor, der, -en L 1, S. 8/1
beraten L 4, S. 34/3
bereit L 11, S. 91/4b
Bericht, der, -e L 2, S. 22/10b
beruflich L 7, S. 57/3a
Berufsschule, die, -n L 13, S. 107/3
berufstätig L 7, S. 61/8
Berufswahl, die L 7, S. 59/6b
sich **beschäftigen** mit + *D* L 7, S. 60/7
beschreiben L 8, S. 65/3
sich **beschweren** über + *A* L 6, S. 52/6a
besetzt L 14, S. 113/3
Besichtigung, die, -en L 13, S. 106/3
besonder- L 6, S. 52/6a
besorgen L 4, S. 34/3
bestehen (Prüfung) L 3, S. 29/8
bestehen aus + *D* L 4, S. 34/3
bestimmen L 3, S. 28/7
bestrafen L 10, S. 80/1a
bestreichen L 2, S. 19/5
Beton, der L 4, S. 32/1
betrauen L 13, S. 106/3
Betreuer, der, - L 14, S. 116/7a
Betreuung, die L 13, S. 107/4a
beurteilen L 8, S. 65/2
Beute, die L 1, S. 12/6
Bevölkerung, die, -en L 12, S. 96/1a
bevor L 11, S. 92/5a
bewachen L 2, S. 18/4a
beweglich L 1, S. 12/6
beweisen L 12, S. 96/1a
sich **bewerben** L 7, S. 60/7

Bewerbung, die, -en L 7, S. 60/7
Bezahlung, die, -en L 13, S. 108/5
Bibliothek, die, -en L 6, S. 52/6a
Bibliothekarin, die, -nen L 6, S. 52/6a
Bienenwachs, das L 1, S. 12/6
Bilddatei, die, -en L 6, S. 50/4a
bilden L 14, S. 119/Comic
Bildschirm, der, -e L 4, S. 36/5b
Bildung, die L 10, S. 84/6a
Billett, das, -e (schweiz.) L 14, S. 118/11
Bioprodukt, das, -e L 8, S. 68/7
bisher L 7, S. 60/7
bisschen L 11, S. 93/5a
Bitte, die, -n L 7, S. 62/10
blitzschnell L 6, S. 50/4a
bloß L 11, S. 90/4a
Boden, der, ¨- L 9, S. 72/1
Bogenschießen, das L 13, S. 106/3
Bordgemeinschaft, die, -en L 3, S. 29/8
Bordhospital, das, ¨-er L 12, S. 100/5
Bordtagebuch, das, ¨-er L 3, S. 28/6
Boxer, der, - L 9, S. 78/11b
brauchbar L 3, S. 27/5c
Brett, das, -er L 9, S. 73/2a
Brettspiel, das, -e L 6, S. 53/8
Brückenfunktion, die L 10, S. 84/6a
Bub, der, -en (österr.) L 14, S. 118/11
Buchdruck, der L 1, S. 8/1
Büchse, die, -n L 9, S. 78/11a
Buchstabe, der, -n L 1, S. 8/1
Buchstabenschrift, die, -en L 1, S. 8/1
Bühnenbildner, der, - L 6, S. 48/1b
Bulle, der, -n L 2, S. 23/Comic
Bundesland, das, ¨-er L 8, S. 68/7
Café, das, -s L 7, S. 86/9
Camp, das, -s L 12, S. 96/1a
Camping, das L 13, S. 106/3
Campingplatz, der, ¨-e L 13, S. 106/3
CD-Spieler, der, - L 8, S. 69/9
Charakter, der, -e L 8, S. 64/1
chatten L 6, S. 50/4a
Chef, der, -s L 7, S. 59/6b
Chemie, die L 1, S. 13/7
chinesisch L 11, S. 92/5a
Clique, die, -n L 10, S. 84/6a
Codename, der, -n L 6, S. 53/8
Computerfachmann, der, ¨-er/-leute
    L 10, S. 85/7
Cowboyhut, der, ¨-e L 8, S. 71/Comic
dabeihaben L 6, S. 52/6a
Dachstuhl, der, ¨-e L 9, S. 73/2a
dafür L 1, S. 12/6
dagegen L 9, S. 74/4b
daher L 8, S. 64/1
damit L 3, S. 27/5c
daran L 5, S. 42/3b
darauf L 2, S. 16/1
darstellen L 1, S. 9/2
darüber L 5, S. 42/3b
darum L 5, S. 41/1
Datei, die, -en L 6, S. 50/4a
davontragen L 8, S. 70/11
dazugehören L 11, S. 90/4a
Deck, das, -s (an Deck) L 3, S. 29/8
derselbe, dasselbe, dieselbe L 4, S. 32/1
deswegen L 9, S. 77/9a
deutlich L 14, S. 114/4a
Dialog, der, -e L 3, S. 27/5b
Dichter, der, - L 9, S. 73/2a
Dieb, der, -e L 1, S. 11/4b
dienen L 5, S. 44/6a
digital L 1, S. 14/9
Diktat, das, -e L 3, S. 27/5c
Diplomatin, die, -nen L 10, S. 84/6a
Diskussion, die, -en L 8, S. 64/1
Disziplin, die L 3, S. 29/8
Doktor, der, -en L 4, S. 36/5a

Doppel- L 1, S. 10/4a
Dreharbeiten (Pl.) L 6, S. 48/1a
Drehbuchautor, der, -en L 6, S. 48/1b
sich **drehen** um + A L 8, S. 64/1
Dritte Welt, die L 9, S. 76/7
Drittel, das, - L 4, S. 37/6b
Droge, die, -n L 12, S. 97/1a
Druck, der L 7, S. 58/5a
drucken L 4, S. 37/6a
drücken L 6, S. 50/4a
Drucker, der, - L 6, S. 50/4a
Düne, die, -n L 5, S. 44/6a
Dunkel, das (im Dunkeln) L 1, S. 12/6
durcheinanderbringen L 4, S. 39/Comic
durchschnittlich L 9, S. 76/7
DVD, die, -s L 6, S. 52/6a
Ebbe, die L 5, S. 40/1
eben L 9, S. 73/2a
Echo, das, -s L 1, S. 12/6
effektiv L 3, S. 25/2
egal L 2, S. 16/1
egoistisch L 11, S. 89/3
eher L 11, S. 92/5a
Ehrgeiz, der L 11, S. 95/Comic
-einander L 3, S. 25/2
Einblick, der, -e L 7, S. 59/6b
Einfahrt, die, -en L 1, S. 14/10
einfallen L 14, S. 114/4a
eingeben L 6, S. 50/4a
einhalten L 3, S. 30/10
Einheimische, der/die, -n L 13, S. 108/6
einholen (Segel) L 3, S. 28/6
sich einigeln L 10, S. 84/6a
Einkommen, das, - L 7, S. 57/4
einnehmen L 9, S. 73/2a
einsammeln L 14, S. 116/7a
Einsatz, der, ¨-e L 12, S. 97/1a
Einsatzort, der, -e L 12, S. 99/4
einschlafen L 12, S. 101/6
sich einsetzen für + A L 12, S. 96/1a
einsparen L 4, S. 34/3
einverstanden sein L 14, S. 116/7b
Einwanderer, der, - L 10, S. 84/6a
Einwandererkind, das, -er L 10, S. 84/6a
Einwegflasche, die, -n L 4, S. 32/1
Einzel- L 1, S. 13/7
Einzelhandel, der L 7, S. 60/7
einzeln L 1, S. 12/6
einzig L 5, S. 41/1
elektronisch L 6, S. 50/4a
Elite, die, -n L 10, S. 84/6a
Energie, die, -n L 1, S. 9/2
Energiekosten, die (Pl.) L 4, S. 34/3
eng L 8, S. 66/4b
entfernt L 13, S. 106/3
Entfernung, die, -en L 1, S. 9/2
entscheiden L 3, S. 28/6
Entschuldigung! L 11, S. 94/7
entstehen L 2, S. 18/4a
entweder ... oder L 6, S. 49/3
entwerfen L 6, S. 48/1b
entwickeln L 4, S. 34/3
Erdapfel, der, ¨- (österr.) L 14, S. 118/11
Erdgas, das L 4, S. 35/4
Erdöl, das L 4, S. 35/4
erfahren L 1, S. 11/4b
Erfinder, der, - L 1, S. 12/6
Erfindung, die, -en L 1, S. 8/1
Erfolg, der, -e L 4, S. 34/3
erfüllen L 13, S. 107/3
erhalten L 4, S. 32/1
sich **erholen** L 3, S. 31/Comic
(sich) **erinnern** an + A L 5, S. 42/3a
erkennen L 1, S. 12/6
(sich) **ernähren** von + D L 5, S. 41/1
Ernährungspyramide, die L 2, S. 17/3
ersetzen L 6, S. 48/1a

Erste Hilfe, die L 12, S. 96/1a
ertrinken L 3, S. 28/7
(sich) erwärmen L 9, S. 77/9a
erwarten L 10, S. 81/2
Erzählung, die, -en L 6, S. 53/8
essbar L 2, S. 18/4a
Essverhalten, das L 2, S. 16/1
evangelisch L 11, S. 92/5a
Eventhalle, die, -n L 12, S. 99/3
exotisch L 2, S. 18/4a
experimentieren L 1, S. 13/7
Fabrik, die, -en L 8, S. 68/7
Fachgebiet, das, -e L 1, S. 13/7
Fachhochschule, die, -n L 10, S. 83/4
Fachhochschulreife, die L 10, S. 83/4
Fachverkäufer, der, - L 7, S. 56/1
Fähigkeit, die, -en L 10, S. 80/1a
Fahrzeug, das, -e L 1, S. 9/2
fair L 10, S. 82/3a
(auf jeden/keinen) Fall L 9, S. 77/9b
(leicht-/schwer-)fallen L 3, S. 24/1
Fantasie, die, -n L 8, S. 67/5
Fantasy-Roman, der, -e L 11, S. 88/1a
färben L 11, S. 90/4a
Farbtyp, der, -en L 8, S. 67/5
faulenzen L 14, S. 115/6
Faulenzer, der, - L 13, S. 104/1
faxen L 9, S. 78/11a
Feier, die, -n L 11, S. 93/5a
Ferienbeschäftigung, die, -en
    L 14, S. 117/9b
Ferienlager, das, - L 12, S. 96/1a
Fernsehsender, der, - L 5, S. 49/2
Fernsehserie, die, -n L 6, S. 49/2
Fernsehstudio, das, -s L 6, S. 48/1a
feststellen L 3, S. 30/10
fett L 2, S. 16/2
Feuchtgebiet, das, -e L 13, S. 109/7
Feuerwehrmann, der, ¨-er/-leute
    L 12, S. 98/2a
filmen L 6, S. 48/1a
Filmproduktion, die, -en L 6, S. 48/1b
filtern L 5, S. 40/1
finanziell L 8, S. 68/7
finanzieren L 6, S. 48/1b
Firma, die, Firmen L 1, S. 13/8
fischen L 9, S. 77/9a
Fischer, der, - L 5, S. 43/5
Fitness, die L 2, S. 20
Fläche, die, -n L 5, S. 40/1
Fledermaus, die, ¨-e L 1, S. 12/6
Fledermausdetektor, der, -en L 4, S. 36/5b
Fleischsalat, der, -e L 2, S. 21/7
Flucht, die L 6, S. 51/5a
Flugapparat, der, -e L 1, S. 12/6
Flügel, der, - L 1, S. 12/6
Flugzeugbau, der L 1, S. 12/6
Flut, die L 5, S. 40/1
Folge, die, -n L 6, S. 49/2
folgen L 2, S. 17/3
fordern L 8, S. 64/1
forschen L 1, S. 13/7
Forschungsthema, das, -themen
    L 1, S. 13/7
Fotoapparat, der, -e L 1, S. 8/1
Fragespiel, das, -e L 14, S. 113/3
frech L 8, S. 65/3
(im) Freien L 7, S. 56/2
freiwillig L 12, S. 100/5
Fremdsprache, die, -n L 3, S. 25/2
frieren L 4, S. 36/5a
Fröhlichkeit, die L 8, S. 67/5
Früh, die (**in der Früh**) (österr.)
    L 14, S. 118/11
Frühstückstisch, der, -e L 2, S. 21/7
frustriert L 10, S. 84/6a
führen zu + D L 5, S. 45/6c

kulturell L 13, S. 108/5
sich **kümmern** um + A L 10, S. 85/7
Kunde, der, -n L 7, S. 59/6b
Kunststoff, der, -e L 8, S. 66/4b
Kunstwerk, das, -e L 10, S. 85/7
Kurs, der, -e (Richtung) L 13, S. 106/3
kürzlich L 10, S. 84/6a
lächeln L 7, S. 61/9
Landmine, die, -n L 12, S. 97/1a
Landschaft, die, -en L 5, S. 41/1
Landschaftsparadies, das, -e
    L 13, S. 106/3
Landwirtin, die, -nen L 12, S. 99/3
Landwirtschaft, die L 5, S. 45/6a
Langeweile, die L 2, S. 16/1
Langzeitgedächtnis, das L 3, S. 25/2
Laptop, der, -s L 8, S. 69/9
(in Ruhe) lassen L 11, S. 94/7
Lastwagen, der, - L 12, S. 99/4
Latein, das L 14, S. 112/2
lauten L 10, S. 82/3a
Lautsprecher, der, - L 6, S. 50/4a
Lawine, die, -n L 12, S. 99/4
lebensgefährlich L 12, S. 100/5
Lebenslauf, der, ¨-e L 14, S. 112/2
Lebensmittel, das, - L 2, S. 20/6
Lebensmittelproduzent, der, -en
    L 2, S. 20/6
Lebewesen, das, - L 4, S. 32/1
Lehre, die, -n L 7, S. 58/5a
Lehrjahr, das, -e L 13, S. 107/3
leiden (Hunger leiden) L 2, S. 18/4a
leiden können L 10, S. 80/1a
leisten L 9, S. 72/1
sich **leisten** L 8, S. 64/1
Leistung, die, -en L 7, S. 58/5b
leiten L 6, S. 48/1a
Leitungswasser, das L 4, S. 33/2
Lektüre, die, -n L 11, S. 88/1a
Lenkrad, das, ¨-er L 1, S. 11/4b
Lerner, der, - L 6, S. 53/8
Lernstoff, der L 3, S. 25/2
Lerntechnik, die, -en L 10, S. 81/2
Lerntipp, der, -s L 3, S. 25/2
Lernziel, das, -e L 7, S. 59/6b
Leser, der, - L 6, S. 52/6a
Lesetext, der, -e L 3, S. 24/1
Libelle, die, -n L 1, S. 12/6
Lichttechniker, der, - L 6, S. 48/1a
Link, der, -s L 6, S. 50/4a
Live-Übertragung, die, -en L 4, S. 36/5a
los sein L 13, S. 104/1
löschen L 12, S. 96/1a
losfahren L 9, S. 75/5
Luftpumpe, die, -n L 1, S. 11/4b
lügen L 10, S. 87/Comic
Lust, die L 3, S. 30/9
sich **lustig machen über** + A L 11, S. 90/4a
mager L 2, S. 17/3
Mahl, das, -e L 9, S. 73/2a
Mahlzeit, die, -en L 2, S. 16/1
manch- L 6, S. 49/3
mangelhaft L 10, S. 80/1a
Margarine, die L 2, S. 17/3
Marke, die, -n L 8, S. 64/1
Markenartikel, der, - L 8, 64/1
Markenkleidung, die L 8, S. 64/1
markenorientiert L 8, S. 65/3
markieren L 3, S. 29/8
Maskenbildner, der, - L 6, S. 48/1b
Maskottchen, das, - L 7, S. 63/Comic
Masse, die, -n L 10, S. 84/6a
Material, das, -ien L 1, S. 12/6
Mechaniker, der, - L 7, S. 56/1
Medikament, das, -e L 1, S. 8/1
Medium, das, Medien L 5, S. 45/6c
Meeresboden, der, ¨- L 5, S. 40/1

Meeresspiegel, der L 9, S. 77/9a
Mehrheit, die L 4, S. 37/6b
Meisterschaft, die, -en L 12, S. 96/1a
melden L 9, S. 79/Comic
Menge, die, -n L 2, S. 17/3
menschlich L 12, S. 99/4
sich **merken** L 3, S. 26/4
messen L 1, S. 9/2
Messgerät, das, -e L 1, S. 13/7
Messkoffer, der, - L 4, S. 34/3
Methode, die, -n L 3, S. 27/5c
Milliarde, die, -n L 9, S. 76/7
Million, die, -en L 1, S. 12/6
mindestens L 9, S. 76/7
Mineralwasser, das L 2, S. 16/1
misstrauisch L 2, S. 18/4a
Mistkübel, der, - (österr.) L 14, S. 118/11
mitarbeiten L 7, S. 60/7
Mitarbeiter, der, - L 7, S. 59/6b
Mitreisende, der/die, -n L 14, S. 113/3
Mittagessen, das, - L 2, S. 21/7
Mittelpunkt, der, -e L 12, S. 96/1a
Mittelschule, die, -n L 7, S. 59/6b
Mix, der, -e L 12, S. 99/3
mixen L 9, S. 78/11a
Modedesignerin, die, -nen L 7, S. 57/3a
Model, das, -s L 7, S. 61/9
möglicherweise L 9, S. 77/9b
Möglichkeit, die, -en L 7, S. 62/11
möglichst L 1, S. 12/6
Mond, der L 3, S. 29/8
Monitor, der, -en L 6, S. 50/4a
Motor, der, -en L 1, S. 8/1
Motorboot, das, -e L 12, S. 96/1a
Mountainbiken, das L 13, S. 106/3
Müdigkeit, die L 11, S. 94/8
Mühe, die, -n L 4, S. 37/6a
Müll, der L 4, S. 32/1
Mülleimer, der, - L 4, S. 32/1
Mülltrennung, die L 4, S. 37/6a
mündlich L 3, S. 25/2
Müsli, das, -s L 2, S. 21/7
mutterlos L 5, S. 43/4
nachdem L 12, S. 101/5
nachdenken L 1, S. 15/Comic
nachfragen L 1, S. 13/7
Nachhilfe, die L 10, S. 81/2
Nachricht, die, -en L 6, S. 49/3
Nachrichtensendung, die, -en L 6, S. 49/3
nahrhaft L 2, S. 18/4a
Nahrung, die L 5, S. 41/1
Nahrungsmittelbereich, der, -e L 2, S. 20/6
naschen L 2, S. 16/1
nass L 3, S. 28/7
Naturkatastrophe, die, -n L 4, S. 32/1
naturkundlich L 12, S. 96/1a
natürlich L 9, S. 77/9b
Navigation, die L 13, S. 106/3
Nervosität, die L 2, S. 16/1
nicht nur ... sondern auch L 6, S. 52/6a
niedrig L 1, S. 13/8
Nordpol, der L 9, S. 77/9a
normal L 10, S. 82/3b
Not, die, ¨-e L 12, S. 100/5
Notenschnitt, der, -e L 10, S. 84/6a
Notiz, die, -en L 14, S. 116/7a
Notruf, der, -e L 12, S. 100/5
Nudel, die, -n L 2, S. 17/3
Nuss, die, ¨-e L 9, S. 72/1
nutzen L 6, S. 52/6a
nützen L 10, S. 84/6a
nützlich L 3, S. 27/5c
Oberschule, die, -n L 10, S. 85/7
obwohl L 9, S. 75/6
Offenheit, die L 8, S. 67/5
öffentlich L 4, S. 33/2
ohne ... zu L 4, S. 37/6a

ohne dass L 4, S. 37/6a
Ökologie, die L 12, S. 96/1a
Öl, das, -e L 2, S. 17/3
Ölzeug, das L 3, S. 28/7
Organisation, die, -en L 4, S. 37/6a
Orient, der L 1, S. 9/1
sich **orientieren** L 12, S. 96/1a
Osterferien, die (Pl.) L 13, S. 107/3
Outfit, das, -s L 8, S. 65/2
packen L 12, S. 101/6
Paradeiser, der, - (österr.) L 14, S. 118/11
Paradies, das, -e L 8, S. 68/7
Parkanlage, die, -n L 13, S. 108/6
Partei, die, -en L 11, S. 91/4b
Pass, der, ¨-e L 13, S. 105/2
perfekt L 1, S. 12/6
persönlich L 8, S. 65/3
Pfandflasche, die, -n L 4, S. 32/1
pflanzen L 2, S. 18/4a
Pflicht, die, -en L 3, S. 28/6
piepen L 6, S. 55/Comic
Pilz, der, -e L 2, S. 18/4a
Piste, die, -n L 13, S. 106/3
planen L 3, S. 30/9
Planet, der, -en L 9, S. 77/9a
Politik, die L 10, S. 84/6a
Politiker, der, - L 8, S. 64/1
Politiksendung, die, -en L 6, S. 49/3
Polizist, der, -en L 7, S. 56/1
Pommes, die (Pl.) L 11, S. 88/1a
Portion, die, -en L 3, S. 25/2
Poulet, das, -s (schweiz.) L 14, S. 118/11
Praktikum, das, Praktika L 12, S. 99/3
Praxis, die L 10, S. 85/7
preiswert L 13, S. 107/4b
Prepaid-Karte, die, -n L 1, S. 11/5
Presse, die L 14, S. 116/8
pressieren (schweiz.) L 14, S. 118/11
preußisch L 2, S. 18/4a
Privatperson, die, -en L 6, S. 50/4a
pro L 10, S. 81/1b
Produzent, der, -en L 6, S. 48/1b
Programmgestaltung, die L 13, S. 106/3
programmieren L 7, S. 59/6b
Projekt, das, -e L 1, S. 13/7
Prospekt, der, -e L 1, S. 11/5
prüfen L 12, S. 98/2b
Prüferin, die, -nen L 14, S. 114/4b
Prüfung, die, -en L 1, S. 11/5
Pulli, der, -s L 8, S. 69/8
qualitätsbewusst L 8, S. 65/3
Quark, der L 10, S. 87/Comic
Quartier, das, -e L 4, S. 36/5a
Quittung, die, -en L 9, S. 78/11a
Quizshow, die, -s L 6, S. 49/3
Radar, der/das, -e L 1, S. 12/6
Radarschirm, der, -e L 1, S. 12/6
Radweg, der, -e L 9, S. 74/4a
rasen L 12, S. 98/2a
Ratschlag, der, ¨-e L 7, S. 62/10
rauben L 2, S. 18/4a
Raumfahrt, die L 1, S. 12/6
Raumwissenschaft, die, -en L 1, S. 13/7
rauskommen aus + D L 10, S. 84/6a
Reality-TV, das L 6, S. 49/3
Realschulabschluss, der L 7, S. 58/5a
Realschule, die, -n L 7, S. 58/5a
Rechnung, die, -en L 1, S. 11/5
recht sein L 13, S. 107/3
Rechtsanwalt, der, ¨-e L 7, S. 56/1
Rechtsanwältin, die, -nen L 7, S. 56/1
Rechtschreibung, die, -en L 10, S. 84/6a
rechtzeitig L 1, S. 12/6
recyceln L 4, S. 32/1
Redaktion, die, -en L 11, S. 90/4a
reden L 9, S. 79/Comic
Regel, die, -n **(in der Regel)** L 10, S. 83/4

Regenschutz, der L 12, S. 99/3
Region, die, -en L 7, S. 60/7
Regisseur, der, -e L 6, S. 48/1a
Reihenfolge, die, -n L 10, S. 82/3a
reingehen L 10, S. 84/6a
reinigen L 5, S. 40/1
Reinigung, die, -en L 5, S. 40/1
Reiseausrüstung, die, -en L 13, S. 105/2
Reisedauer, die L 3, S. 28/6
Reiseroute, die, -n L 3, S. 28/6
renovieren L 13, S. 108/6
Reparatur, die, -en L 3, S. 28/6
Reporterin, die, -nen L 5, S. 46/7a
Respekt, der L 13, S. 108/5
Rettungseinheit, die, -en L 12, S. 100/5
Rettungsring, der, -e L 3, S. 28/7
Rettungsschwimmen, das L 12, S. 96/1a
Rettungsschwimmer, der, - L 12, S. 96/1a
riechen nach + D L 5, S. 42/3a
Riesen- L 1, S. 11/4b
riesig L 4, S. 36/5b
Risiko, das, Risiken L 13, S. 104/1
Robbenbank, die, ¨-e L 13, S. 106/3
Roboter, der, - L 1, S. 14/10
roh L 2, S. 17/3
Rolle, die (eine Rolle spielen) L 2, S. 20
Rolle, die, -n (Film-) L 6, S. 48/1a
Rücksicht, die L 3, S. 29/8
rücksichtslos L 11, S. 89/3
rücksichtsvoll L 11, S. 89/3
Rudel, das, - L 5, S. 41/1
Ruder, das, - L 3, S. 28/6
ruhig L 2, S. 16/1
rund um L 3, S. 28/6
Sachbuch, das, ¨-er L 6, S. 52/6a
säckeweise L 8, S. 68/7
Sahne, die L 2, S. 22/10b
salzen L 12, S. 103/Comic
Sandbank, die, ¨-e L 5, S. 41/1
Sandstrand, der, ¨-e L 6, S. 54/10
satt L 2, S. 18/4a
Sauberkeit, die L 12, S. 96/1a
Sauerstoff, der L 3, S. 25/2
Säugetier, das, -e L 5, S. 41/1
schaden L 5, S. 45/6a
Schaden, der, ¨- L 5, S. 45/6b
schälen L 2, S. 19/5
Schande, die L 9, S. 79/Comic
Schatten, der, - L 9, S. 72/1
Schauspieler, der, - L 6, S. 48/1a
schenken L 6, S. 55/Comic
Scheune, die, -n L 9, S. 73/2a
schick L 8, S. 66/4a
schiefgehen L 12, S. 103/Comic
Schiffsschraube, die, -n L 6, S. 54/10
Schlaf, der L 9, S. 73/2a
Schlafenszeit, die, -en L 11, S. 88/1a
Schlagersendung, die, -en L 6, S. 49/3
Schlagsahne, die L 2, S. 21/7
schleppen L 12, S. 100/5
schließen L 4, S. 32/1
schlucken L 9, S. 73/3
schmelzen L 9, S. 77/9a
Schnäppchen, das, - L 8, S. 68/7
schneiden L 2, S. 19/5
Schnitt, der, -e L 8, S. 66/4b
Schreibwaren, die (Pl.) L 7, S. 59/6b
Schrift, die, -en L 1, S. 8/1
schriftlich L 3, S. 25/2
Schuld, die L 9, S.75/5
schuld sein an + D L 5, S. 45/6c
Schüleraustausch, der L 11, S. 93/5a
Schülerversammlung, die, -en L 3, S. 28/6
schulfrei L 4, S. 34/3
Schulkantine, die, -n L 10, S. 85/7
Schulleiterin, die, -nen L 10, S. 85/7
Schüssel, die, -n L 2, S. 21/7

Schutzhelm, der, -e L 9, S. 75/6
Schwarzbrot, das, -e L 2, S. 21/7
schwatzhaft L 11, S. 89/3
sich schwertun L 10, S. 84/6a
Schwierigkeit, die, -en L 11, S. 91/4c
Schwimmer, der, - L 12, S. 96/1a
Schwimmweste, die, -n L 3, S. 28/7
Sechseck, das, -e L 1, S. 12/6
Secondhandshop, der, -s L 8, S. 64/1
See, die L 12, S. 100/5
Seehund, der, -e L 5, S. 43/4
Seekrankheit, die L 3, S. 29/8
Seemann, der, ¨-er/-leute L 12, S. 100/5
Seenot, die L 3, S. 28/7
Seenotkreuzer, der, - L 12, S. 100/5
Seenotrettung, die L 12, S. 100/5
Seereise, die, -n L 3, S. 31/Comic
Segelboot, das, -e L 13, S. 105/2
Segelkurs, der, -e L 3, S. 29/8
Segelmanöver, das, - L 3, S. 29/8
Segelprüfung, die, -en L 3, S. 29/8
Segelreise, die, -n L 13, S. 106/3
Segeltörn, der, -s L 3, S. 28/6
Selbstdisziplin, die L 10, S. 84/6a
selten L 11, S. 11/5
Seminar, das, -e L 12, S. 96/1a
senden L 1, S. 12/6
Serie, die, -n L 6, S. 49/2
servieren L 2, S. 19/5
setzen (Segel) L 3, S. 28/6
sicher L 8, S. 64/1
Sicherheit, die L 5, S. 47/Comic
sicherlich L 9, S. 77/9b
Signal, das, -e L 4, S. 36/5b
sinnvoll L 3, S. 25/2
Sirene, die, -n L 1, S. 11/4b
Sitzbank, die, ¨-e L 10, S. 85/7
Skifreizeit, die, -en L 12, S. 96/1a
Skigebiet, das, -e L 13, S. 106/3
Skipass, der, ¨-e L 13, S. 106/3
Smog, der L 9, S. 72/1
SMS, die, - L 1, S. 11/5
Snowboard, das, -s L 1, S. 12/6
so dass L 9, S. 72/1
Solaranlage, die, -n L 4, S. 34/3
Solarzelle, die, -n L 1, S. 8/1
solch- L 8, S. 68/7
Soldat, der, -en L 2, S. 18/4a
Sonder- L 2, S. 20/6
Sonnenenergie, die L 1, S. 9/2
sorgen für + A L 4, S. 35/4
Soße, die, -n L 11, S. 88/1a
sowie L 12, S. 100/5
sowohl ... als auch L 6, S. 52/6a
sozial L 8, S. 68/7
Sparprogramm, das, -e L 4, S. 34/3
sparsam L 4, S. 34/3
Spartaste, die, -n L 9, S. 76/8
Spaziergang, der, ¨-e L 5, S. 42/3a
speichern L 1, S. 9/2
Speisesaal, der, -säle L 14, S. 113/3
sperren L 6, S. 54/9
Spezialeffekt, der, -e L 6, S. 48/1b
Spezialist, der, -en L 6, S. 48/1b
Spielplatz, der, ¨-e L 13, S. 108/6
Spital, das, ¨-er (österr./schweiz.)
  L 14, S. 118/11
Sprachkurs, der, -e L 14, S. 117/9b
Sprachreise, die, -n L 3, S. 29/8
Sprechtraining, das L 14, S. 113/1a
Sprung, der, ¨-e L 10, S. 85/7
Sprungfeder, die, -n L 1, S. 11/4b
Spülmaschine, die, -n L 9, S. 76/8
staatlich L 10, S. 83/4
Staatsangehörigkeit, die, -en
  L 14, S. 112/1a
Stäbchen, das, - L 11, S. 92/5a

stabil L 1, S. 12/6
Stadtrundfahrt, die, -en L 13, S. 106/3
Stadtteil, der, -e L 10, S. 84/6a
Stand, der, ¨-e L 14, S. 116/8
Stand-by-Betrieb, der L 4, S. 33/2
stationieren L 12, S. 100/5
Statistik, die, -en L 6, S. 49/3
Stau, der, -s L 9, S. 74/4a
Steg, der, -e L 12, S. 97/1a
stehlen L 2, S. 18/4a
steil L 13, S. 107/4b
Stelle, die, -n (Arbeit) L 7, S. 60/7
Stereoanlage, die, -n L 4, S. 37/6a
Stern, der, -e L 3, S. 29/8
steuern L 3, S. 28/7
Stil, der, -e L 8, S. 71/Comic
Stimme, die, -n L 1, S. 11/4b
stimmen (Instrument) L 9, S. 73/2a
Stimmung, die, -en L 8, S. 67/5
Stock, der, ¨-e L 5, S. 47/Comic
Stoff, der, -e L 8, S. 66/4b
stolz L 8, S. 64/1
stören L 4, S. 36/5a
Strafarbeit, die, -en L 10, S. 87/Comic
Streberin, die, -nen L 11, S. 90/4a
Streifen, der, - L 8, S. 64/1
streng L 11, S. 92/5a
Stube, die, -n L 7, S. 63/Comic
Student, der, -en L 14, S. 113/3
studieren L 7, S. 58/5a
Studio, das, -s L 6, S. 48/1a
Studium, das, Studien L 10, S. 83/4
Stuntman, der, -men L 6, S. 48/1a
Suchmaschine, die, -n L 6, S. 50/4a
Suchspiel, das, -e L 6, S. 53/8
Sucht, die, ¨-e L 6, S. 51/5a
süchtig L 6, S. 51/5a
Suchwort, das, ¨-er L 6, S. 50/4a
Südpol, der L 9, S. 77/9a
Süßwasser, das L 9, S. 76/7
sympathisch L 11, S. 89/3
System, das, -e L 1, S. 13/8
Szene, die, -n L 6, S. 48/1a
tagelang L 5, S. 43/4
tagsüber L 4, S. 36/5a
Talkshow, die, -s L 6, S. 49/3
Tankstelle, die, -n L 14, S. 119/Comic
Tastatur, die, -en L 6, S. 50/4a
Taste, die, -n L 6, S. 50/4a
Tat, die, -en L 8, S. 67/5
Tätigkeit, die, -en L 7, S. 59/6b
Teamgeist, der L 12, S. 97/1a
Techniker, der, - L 10, S. 85/7
technisch L 12, S. 97/1a
Teich, der, -e L 13, S. 109/7
Teil, der, -e L 5, S. 40/1
Tempel, der, - L 11, S. 95/Comic
Termin, der, -e L 11, S. 92/5a
Themenwahl, die L 1, S. 13/7
tierärztlich L 7, S. 57/3a
tippen L 6, S. 50/4a
tolerant L 11, S. 89/3
Tomatensoße, die, -n L 11, S. 88/1a
Tonstudio, das, -s L 6, S. 54/11
Tontechniker, der, - L 6, S. 48/1a
Top- L 13, S. 106/3
Tordurchfahrt, die, -en L 1, S. 14/10
Toreinfahrt, die, -en L 1, S. 14/10
Tourismus, der L 5, S. 44/6a
Traditionssegler, der - L 13, S. 106/3
Tram, das/die, -s (schweiz./österr.)
  L 14, S. 118/11
Trampolin, das, -e L 10, S. 85/7
Transport, der, -e L 5, S. 45/6b
Traum, der, ¨-e L 8, S. 70/11
treffen auf + A L 1, S. 12/6
Treffpunkt, der, -e L 6, S. 52/6a

Unregelmäßige und gemischte Verben

Hier findest du die unregelmäßigen und gemischten Verben aus *Das neue Deutschmobil 1, 2* und *3*. In der vierten Spalte sind Verben mit trennbaren Vorsilben oder zusammengesetzte Verben aufgeführt. Wenn sie im Perfekt ein anderes Hilfsverb als die Grundform haben, dann ist dieses in Klammern angegeben. Fett gedruckte Wörter stehen auf der Liste zum „Zertifikat Deutsch".

Infinitiv	3. P. Sg. Präteritum	3. P. Sg. Perfekt	Zusammensetzungen
backen (backt/bäckt)	backte/buk	hat gebacken	
bedenken	bedachte	hat bedacht	
beginnen	begann	hat begonnen	
behalten (behält)	behielt	hat behalten	
bekommen	bekam	hat bekommen	hinbekommen
beraten (berät)	beriet	hat beraten	
beschreiben	beschrieb	hat beschrieben	
bestehen	bestand	hat bestanden	
bestreichen	bestrich	hat bestrichen	
betragen (beträgt)	betrug	hat betragen	
beweisen	bewies	hat bewiesen	
sich **bewerben** (bewirbt)	bewarb	hat beworben	
biegen	bog	hat gebogen	**abbiegen** (sein)
bieten	bot	hat geboten	**anbieten**
binden	band	hat gebunden	festbinden
bleiben	blieb	ist geblieben	übrigbleiben
braten (brät)	briet	hat gebraten	
brechen (bricht)	brach	hat gebrochen	
brechen (bricht)	brach	ist gebrochen	ausbrechen, einbrechen
brennen	brannte	hat gebrannt	
bringen	brachte	hat gebracht	beibringen, durcheinanderbringen, hinbringen, **mitbringen**, unterbringen, zurückbringen
denken	dachte	hat gedacht	**nachdenken**
dürfen (darf)	durfte	hat gedurft	
entscheiden	entschied	hat entschieden	
entstehen	entstand	ist entstanden	
entwerfen (entwirft)	entwarf	hat entworfen	
erfahren (erfährt)	erfuhr	hat erfahren	
erfinden	erfand	hat erfunden	
erhalten (erhält)	erhielt	hat erhalten	
erkennen	erkannte	hat erkannt	
erschrecken (erschrickt)	erschrak	ist erschrocken	
ertrinken	ertrank	ist ertrunken	
erziehen	erzog	hat erzogen	
essen (isst)	aß	hat gegessen	
fahren (fährt)	fuhr	ist gefahren	**abfahren**, hochfahren, **mitfahren**, losfahren, **wegfahren**, weiterfahren
fallen (fällt)	fiel	ist gefallen	**einfallen**, (he)runterfallen, leicht-/ schwerfallen
fangen (fängt)	fing	hat gefangen	**anfangen**
finden	fand	hat gefunden	herausfinden, **stattfinden**, **wiederfinden**
fliegen	flog	ist geflogen	abfliegen
fließen	floss	ist geflossen	
fressen (frisst)	fraß	hat gefressen	
frieren	fror	hat gefroren	
geben (gibt)	gab	hat gegeben	abgeben, angeben, **aufgeben**, **ausgeben**, eingeben, **weggeben**, **weitergeben**, **zurückgeben**
gefallen (gefällt)	gefiel	hat gefallen	
gehen	ging	ist gegangen	abgehen, **angehen**, aufgehen, ausgehen, entlanggehen, herumgehen, hinausgehen, mitgehen, rausgehen, reingehen, schiefgehen, **spazieren gehen**, umgehen, weitergehen, **zurückgehen**
gelten (gilt)	galt	hat gegolten	
geraten (gerät)	geriet	ist geraten	
gewinnen	gewann	hat gewonnen	
gießen	goss	hat gegossen	
haben (hast, hat)	hatte	hat gehabt	dabeihaben, zusammenhaben
halten (hält)	hielt	hat gehalten	abhalten, einhalten, **festhalten**
hängen	hing	hat gehangen	
heben	hob	hat gehoben	
heißen	hieß	hat geheißen	
helfen (hilft)	half	hat geholfen	**mithelfen**
kennen	kannte	hat gekannt	
kommen	kam	ist gekommen	**ankommen**, drankommen, herkommen, infrage kommen, klarkommen, **mitkommen**, rauskommen, reinkommen, vorbeikommen, **vorkommen**, wiederkommen, **zurückkommen**
können (kann)	konnte	hat gekonnt	leiden können
kriechen	kroch	ist gekrochen	
laden (lädt)	lud	hat geladen	**einladen**
lassen (lässt)	ließ	hat gelassen	in Ruhe lassen
laufen (läuft)	lief	ist gelaufen	ablaufen, herumlaufen, hinterherlaufen, **loslaufen**, **weglaufen**

leiden	litt	hat gelitten	Hunger leiden
leihen	lieh	hat geliehen	ausleihen
lesen (liest)	las	hat gelesen	vorlesen
liegen	lag	hat gelegen	
lügen	log	hat gelogen	
messen (misst)	maß	hat gemessen	
mögen (mag)	mochte	hat gemocht	
müssen (muss)	musste	hat gemusst	
nehmen (nimmt)	nahm	hat genommen	**abnehmen, annehmen, aufnehmen,** einnehmen, **mitnehmen, teilnehmen, wegnehmen, zunehmen**
nennen	nannte	hat genannt	
raten (rät)	riet	hat geraten	
reiben	rieb	hat gerieben	
reiten	ritt	ist geritten	
rennen	rannte	ist gerannt	
riechen	roch	hat gerochen	
rufen	rief	hat gerufen	**anrufen,** aufrufen
scheinen	schien	hat geschienen	
schießen	schoss	hat geschossen	hineinschießen
schlafen (schläft)	schlief	hat geschlafen	**einschlafen** (sein)
schlagen (schlägt)	schlug	hat geschlagen	**vorschlagen**
schließen	schloss	hat geschlossen	**abschließen, ausschließen**
schmelzen (schmilzt)	schmolz	ist geschmolzen	
schneiden	schnitt	hat geschnitten	
schreiben	schrieb	hat geschrieben	abschreiben, **aufschreiben**
schreien	schrie	hat geschrie(e)n	
schwimmen	schwamm	ist/hat geschwommen	
schwingen	schwang	hat geschwungen	
sehen (sieht)	sah	hat gesehen	**ansehen, aussehen, wegsehen, fernsehen**
sein (ist)	war	ist gewesen	los sein, recht sein, schuld sein
senden	sendete/sandte	hat gesendet/gesandt	
singen	sang	hat gesungen	
sitzen	saß	hat gesessen	
sollen (soll)	sollte	hat gesollt	
spinnen	spann	hat gesponnen	
sprechen (spricht)	sprach	hat gesprochen	**aussprechen,** vorsprechen
springen	sprang	ist gesprungen	hochspringen, seilspringen
stehen	stand	hat gestanden	**aufstehen** (sein), drinstehen
stehlen (stiehlt)	stahl	hat gestohlen	
steigen	stieg	ist gestiegen	**aussteigen, einsteigen, umsteigen**
sterben (stirbt)	starb	ist gestorben	aussterben
streiten	stritt	hat gestritten	
tragen (trägt)	trug	hat getragen	austragen, davontragen
treffen (trifft)	traf	hat getroffen	
treiben	trieb	hat getrieben	antreiben
treiben	trieb	ist getrieben	
treten (tritt)	trat	hat getreten	auftreten (sein)
trinken	trank	hat getrunken	
tun	tat	hat getan	gut tun, **leidtun,** (sich) schwertun, **wehtun**
überfallen (überfällt)	überfiel	hat überfallen	
übernehmen (übernimmt)	übernahm	hat übernommen	
überspringen	übersprang	hat übersprungen	
übertreiben	übertrieb	hat übertrieben	
überweisen	überwies	hat überwiesen	
(sich) **unterhalten** (unterhält)	unterhielt	hat unterhalten	
unternehmen (unternimmt)	unternahm	hat unternommen	
verbieten	verbot	hat verboten	
verbinden	verband	hat verbunden	
verbrennen	verbrannte	hat verbrannt	
verbrennen	verbrannte	ist verbrannt	
verbringen	verbrachte	hat verbracht	
vergessen (vergisst)	vergaß	hat vergessen	
vergleichen	verglich	hat verglichen	
sich **verhalten** (verhält)	verhielt	hat verhalten	
verlassen (verlässt)	verließ	hat verlassen	
verleihen	verlieh	hat verliehen	
verlieren	verlor	hat verloren	
vermeiden	vermied	hat vermieden	
verschließen	verschloss	hat verschlossen	
verschwinden	verschwand	ist verschwunden	
versinken	versank	ist versunken	
versprechen (verspricht)	versprach	hat versprochen	
sich **verstehen**	verstand	hat verstanden	
vertragen (verträgt)	vertrug	hat vertragen	
verwenden	verwendete/verwandte	hat verwendet/verwandt	
wachsen (wächst)	wuchs	ist gewachsen	
waschen (wäscht)	wusch	hat gewaschen	**abwaschen**
wenden	wendete/wandte	hat gewendet/gewandt	
werben (wirbt)	warb	hat geworben	
werden (wirst, wird)	wurde	ist geworden	
werfen (wirft)	warf	hat geworfen	**wegwerfen**
wissen (weiß)	wusste	hat gewusst	weiterwissen
wollen (will)	wollte	hat gewollt	
ziehen	zog	hat gezogen	**anziehen,** hochziehen, **vorziehen,** wegziehen
ziehen	zog	ist gezogen	**umziehen**

Quellennachweis

- Umschlagfoto: Ernst Klett Verlag, Thomas Weccard
- Seite 8: Foto 1: IBM Deutschland GmbH, Stuttgart; Foto 5: AKG, Berlin; Foto 7: aus: Wills, Franz Hermann: Schrift und Zeichen der Völker. Von der Urzeit bis heute. Econ Verlag, Düsseldorf 1977; Foto 8: MEV, Augsburg; Foto 11: Deutsches Museum, München; Foto 16: KED
- Seite 9: AKG, Berlin
- Seite 12: Foto Libelle: Arco Digital Images, Lünen (O. Diez); Foto Hubschrauber: Deutsches Museum, München; Foto Fledermaus: Picture Alliance, Frankfurt (Dietmar Nill); Foto Radarschirm: Getty Images, München (Photodisc); Foto Bienenwabe, Foto Snowboardfahrer: MEV, Augsburg
- Seite 13: Screenshot und Text nach: Stiftung Jugend forscht e.V., Hamburg
- Seite 17: Ernährungspyramide: aid infodienst, Bonn
- Seite 28: Foto Schiff: Fotofinder, Berlin (Karlheinz Oster); Foto Schiffsmast: Picture-Alliance, Frankfurt (Ingo Wagner); Foto Schüler: High Seas High School – „Das segelnde Klassenzimmer", ein Projekt der Hermann Lietz-Schule Spiekeroog, 2003
- Seite 29: Foto Schüler: High Seas High School – „Das segelnde Klassenzimmer", ein Projekt der Hermann Lietz-Schule Spiekeroog, 2003; Foto Schiff: Fotofinder, Berlin (Karlheinz Oster)
- Seite 34: Fotos: Stadt Heidelberg (Umweltamt)
- Seite 35: Foto Schüler: Stadt Heidelberg (Umweltamt); Foto Solarzellen: MEV, Augsburg
- Seite 37: Statistische Angaben: UF Institut für Jugendforschung, Sept. 1998
- Seite 40: Illu A: aus: Koch, Elisabeth/Paulsen, Ingrid/Puls, Erich: Wir erkunden die Nordseeküste, Husum Druck- und Verlagsgesellschaft mbH u. Co. KG, Husum 1990; Illu E: Martina Roschkowski; Foto H: Stockbyte, Kerry (RF)
- Seite 44: Foto „Unsere Nordsee …": Argus, Hamburg (Schwarzbach)
- Seite 49: Foto: Sat.1 Multimedia, Berlin; Statistische Angaben: Allensbach-Institut, 2001
- Seite 52: Fotos: Stadtbücherei Ludwigsburg
- Seite 56: Foto H: MEV, Augsburg
- Seite 57: Wörterbuchauszug „Tierarzt": Klett-Archiv, Stuttgart (PONS)
- Seite 59: Foto: Power-Tours, Friedrich-Ebert-Mittelschule, Hoyerswerda
- Seite 64: Foto: © pixelteacher
- Seite 68: Fotos: Michel Koczy, Berlin
- Seite 69: Foto Keyboard: Getty Images, München (Eyewire)
- Seite 75: Statistische Angaben und Text nach: DVR-report, Magazin für Verkehrssicherheit, 1/2004
- Seite 76: Foto: UNICEF Deutschland, Köln
- Seite 80: Foto Serap: KED
- Seite 82: Karikatur: Hans Traxler, Frankfurt am Main
- Seite 83: Statistische Angaben: Statistisches Bundesamt, 2001
- Seite 84: ZEIT-Logo: DIE ZEIT, Hamburg; Foto Bilge Buz: Uwe Steinert, Berlin; ZEIT-Artikel „Gefragt": DIE ZEIT (Jan-Martin Wiarda)
- Seite 85: KidS-Logo, Foto Kräuterspirale: Ferdinand-Freiligrath-Oberschule, Berlin (Hildburg Kagerer); Foto Trampolin: Picture-Alliance, Frankfurt (Rolf Schultes); Foto Kunstwerk: Picture-Alliance, Frankfurt (Hansjoachim Mirschel)
- Seite 92: Text nach: Ausgetauscht.de
- Seite 96: Foto Jugendfeuerwehr: Ulrich Höft, Hamburg; Foto DLRG-Jugend: Deutsche Lebensrettungs-Gesell-schaft, Bad Nenndorf; Foto Pfadfinder: BdP, Butzbach (Matthias Krause); Foto BUNDjugend: BUND, Berlin
- Seite 97: Fotos THW-Jugendgruppen: THW, Bonn; Foto JRK: Deutsches Rotes Kreuz Landesverband, Stuttgart
- Seite 98: Foto 1: VcP, Kassel; Foto 2: Ulrich Höft, Hamburg; Foto 3: Deutsche Lebensrettungs-Gesellschaft, Bad Nenndorf; Foto 4: Stadt Braunschweig
- Seite 99: Fotos 1, 2 u. 4: Malteser Hilfsdienst e.V., Mainz; Foto 3: BRH Rettungshundestaffel Main-Kinzig, e.V.
- Seite 100: Foto: DGzRS, Bremen
- Seite 108: Foto Spielplatz: IBG Workcamps e.V., Stuttgart
- Seite 109: Foto Workcamp: Paul Esser, Düsseldorf
- Seite 117: Statistische Angaben Haustiere: IVH, 2004

Alle übrigen Fotos: Andreas Douvitsas, Hamburg; Jutta Douvitsas und Karl-Heinz Härtel, Müllrose; Eleftherios und Sigrid Xanthos, Athen

Alle übrigen Zeichnungen: Eleftherios Xanthos, Athen

Trotz intensiver Bemühungen konnten nicht alle Rechteinhaber ermittelt werden.
Für entsprechende Hinweise ist der Verlag dankbar.

Audio-CD zum Lehrbuch 3

Autoren:	Jutta Douvitsas-Gamst, Sigrid Xanthos-Kretzschmer, Eleftherios Xanthos
Redaktion:	Kerstin Klingelhöfer, Nicole Nolte
Tonregie und Aufnahme:	Klett Studio, Annemarie Weik
Mischung und Mastering:	Ton in Ton Medienhaus, Andreas Nesic
Produktion:	Klett Edition Deutsch
Presswerk:	P+O Compact Disc GmbH & Co. KG, Diepholz
Sprecherinnen und Sprecher:	
	Hede Beck, Monika Beck, Isabelle Brickum, Benjamin Grüter, Dorothea Karagiorgos, Reinhard Peer, Daniela Rössl, Michael Speer
Kinder:	Leonie Achtnich, Henrike Betsch, Eva Bohn, Jenny Glauner, Elena Jesse, Maxime Kern, Erik Löwer, Jan Löwer, David Sterken, Samuel Teixeira, Florian Walz
Musik:	Koka Media

ca. 55 Minuten